Juan Pérez de Montalbán
El hijo del serafín

Barcelona **2024**
Linkgua-ediciones.com

Créditos

Título original: El hijo del Serafín.

© 2024, Red ediciones S.L.

e-mail: info@linkgua.com

Diseño de cubierta: Michel Mallard.

ISBN rústica: 978-84-96428-40-9.
ISBN ebook: 978-84-9897-234-4.

Cualquier forma de reproducción, distribución, comunicación pública o transformación de esta obra solo puede ser realizada con la autorización de sus titulares, salvo excepción prevista por la ley. Diríjase a CEDRO (Centro Español de Derechos Reprográficos, www.cedro.org) si necesita fotocopiar, escanear o hacer copias digitales de algún fragmento de esta obra.

Sumario

Créditos _____ 4

Brevísima presentación _____ 7
   La vida _____ 7
   Los milagros _____ 7

Personajes _____ 8

Jornada primera _____ 9

Jornada segunda _____ 49

Jornada tercera _____ 85

Libros a la carta _____ 125

Brevísima presentación

La vida
Juan Pérez de Montalbán (Madrid, 1602-1638). España
Juan era hijo del librero real que editó el Buscón de Quevedo sin la anuencia de éste. Sus antepasados eran judíos conversos. Estudió teología y se ordenó sacerdote a los dieciocho años, deviniendo notario de la Inquisición. A los diecinueve años escribió su primera comedia. Fue el discípulo predilecto de Lope de Vega y adversario de Francisco de Quevedo, que lo ridiculizó varias veces en sus obras.
Escribió unas cincuenta obras teatrales de diversos géneros. A la muerte de Lope de Vega compuso la Fama póstuma (1636), elogio y primera biografía de Lope.
Murió sumido en la locura.

Los milagros
Juan Pérez de Montalbán mezcló elementos de la tradición teatral con episodios de la vida de fray Pedro de Alcántara, de quien se dice que dormía muy poco; que andaba siempre descalzo y apenas se alimentaba.
Aquí se relatan algunos de los milagros atribuidos al santo. En una ocasión yendo de Alcántara al pueblo de La Zarza con un fraile, éste al ver que habría mal tiempo le aconsejó que volviesen. Pedro insistió en continuar y, aunque cayó un autentico diluvio, no se mojaron. (En la obra Montalbán adapta este suceso a sus intenciones cómicas haciendo que Espeso, el personaje cómico, se moje y le pida al santo que cambien de traje.)

Personajes

San Pedro de Alcántara
Espeso, criado
Dorotea, labradora
Gila, labradora
El demonio
El ángel de la guarda
El niño Jesús
El rey don Sebastián
La madre Teresa
Dos monjas
Dos labradores
El general de san Francisco
Su compañero
Criados de acompañamiento

Jornada primera

(Salen Dorotea y Gila, con tocas y sombreros de camino.)

Dorotea
¡O mal haya mi ventura
y mal haya la pollina,
que tan despacio camina!

Gila
Tu cólera y tu hermosura
 pudieran correr parejas.

Dorotea
Con cólera no hay mujer
hermosa, ni puede ser,
porque el enojo, las quejas,
 el enfado y la pasión
descomponen el semblante.

Gila
Ponte un espejo delante,
verás que tengo razon.

Dorotea
 Dices bien, porque el reflejo
del espejo me templara.

Gila
Y agora para esa cara
dónde has hallado espejo?

Dorotea
 Volviendo pues a mi cuento,
porque bien habrá lugar
de aquí al lugar de contar
locuras de un pensamiento.
 Oye mi justa mohina,
y si es posible callando,
ten cuenta de cuando en cuando
con la alfombra, y la pollina.

En ese monte, de tomillo armado,
verde gigante, que al abril retrata,
tan soberbio, que al Sol que le a criado
escalas pone de torcida plata.
Y cuando necesita de agua el prado,
de la primera nube la arrebata,
nuestra aldea mira tan pequeña
que parece lunar de alguna peña.
Allí nací, pluguiera a Dios la cuna
tomara a mi mortaja la medida;
porque quien nace, Gila, sin fortuna,
como cosa de sobra trae la vida,
La vida estriba en esperanza alguna;
quien no llega a esperar de sí se olvida,
quien se olvida de sí muerte quiere,
y quien quiere morir, viviendo muere.
Estando pues —así la edad provoca—
en la feria de Alcántara una fiesta,
rebozada una toca hasta la boca,
por dar licencia a alguna risa honesta,
la gala mucha, la ocasión no poca,
la cara y el andar de fiesta,
y el pie de apretado se desmaya
asomado al ribete de la saya.
Vi, por mi mal, un estudiante —¡ay cielos!—
tan recatado de ojos, que en la feria
para poder dezirle mis desvelos
aun con mirarme, no me dió materia.
Corrió la noche sus oscuros velos,
huyó la luz de la Región de Iberia,
cesó la feria, fuyme, y acostéme,
quise dormir, no pude, y levantéme.
Supe otro dia, que este mozo era
hijo de un bachiller, o de un letrado,

necio sin duda, pus no le altera
de mis inquietos ojos el cuydado.
Que quien viéndose amar de esta manera
y siendo mozo, rico y alentado
habla del bien querer con tal desprecio,
o pica en santo, o se consulta en necio.
   Amé, pené, sufrí su tiranía,
canté, lloré, temí su rigor fiero,
hablé, cansé, seguí su compañía,
llegué, culpé, reñi su amor grosero,
dudé, temblé, sentí su demasía,
juré, busqué, pedí su blanco azero,
huyó, calló, dejó mi amor constante.
¡Qué vívora! ¡Qué fiera! ¡Qué diamante!
   No me quedó para ablandar su pecho
humana diligencia que no hiciera,
que a ser capaz el alma de cohecho,
con oro le comprara que me viera.
Mas temí que su amor mal satisfecho
acusara la paga de grosera;
que comprar el amor, siendo infinito,
es hacer simonía el apetito.
   En efeto colérica, afligida,
con ansias, con amores, con desvelos,
sin ser, sin alma, sin razón, sin vida,
brasa mi amor, carámbano mis celos,
suelta la pena, la pasión prendida,
al monte, al Sol; al aire, y a los cielos;
me voy quejando, y vivo de esta suerte
colgada de la vida y de la muerte.

Gila   Lastima tengo de ti,
si bien la razón me advierte,
que el tratarte de esta suerte

	produce... ¿Dirélo?
Dorotea	Si.
Gila	De querer en otra parte.
Dorotea	No Gila, que si eso fuera, si no amar, fingir supiera, o con industria, o con arte. Él no tiene voluntad a mujeres, esto es cierto.
Gila	Este hombre estará muerto.
Dorotea	Estálo su voluntad, pero tente; que alli viene para que me pierda más.

(Sale fray Pedro, y Espeso, de estudiantes estudiando en un libro.)

Pedro	Si no estudias, no sabrás.
Gila	Gallarda presencia tiene.
Espeso	Yo he estudiado esta lición un mes como un descosido y al cabo no la he sabido.
Pedro	¿Y es ésa buena razón?
Espeso	Yo no puedo decorar.
Pedro	Remedio habrá para eso.

Espeso	Mi nacardina es el queso, y débeme de matar.
Gila	¿Que te apartas y retiras?
Dorotea	Amo y temo.

(Mírelas Espeso a lo pícaro.)

Espeso	¡Jesu Cristo qué gloria!
Pedro	¿Qué es lo que has visto?
Espeso	Andares.
Pedro	¿Qué es lo que miras?
Espeso	¡Por Dios! Que la de esta mano. que pisa de gerigonza que es de lo de a mil la onza.
Pedro	No te diviertas en vano, estudia o me enojaré.
Espeso	Esotra también es rayo, y me da por el soslayo un poco de mucho pie, ¡Jesús que pies! Guarda Pablo, ella anda en dos baúles. Si tuviera ojos azules pudiera meterse a diablo.
Pedro	Espeso, si algún achaque

	te dan tus ojos de antojos, sácate luego los ojos.
Espeso	El turco que se los saque, toma para ti el remedio, que yo los quiero muy bien.
Dorotea	Yo llego. En buena hora estén.
Pedro	Aquí poner tierra en medio importa.
Espeso	¿No la respondes?
Pedro	¿Queréis algo labradora?
Dorotea	Mucho quiere quien te adora.
Espeso	¿De qué huyes? ¿Qué te escondes? Advierte que es Dorotea, aquella que sabéis ya, que salpimentada está.

(Sin mirarla ha de hablar Pedro.)

Pedro	Señora el alma desea serviros, mas perdonad,
(Aparte.)	que no soy mío... (Dios mio, dadme fuerzas, dadme brío.)
Gila	¿Hay tal hielo? ¿Hay tal frialdad?
Dorotea	Pues vuelve, Pedro, si quiera a mirarme, porque yo

	templa mi fuego.
Pedro	Eso no,

que mirarte me perdiera.
Es arcabuz la ocasión
armado, que tiene dentro
plomo y pólvora en el centro.
Los ojos la llave son,
   el pedernal que da lumbre,
es la vil naturaleza,
la pólvora la flaqueza
de nuestra misma costumbre;
   y así como el alma sabe
el peligro en que me veo
cierra la puerta al deseo,
porque si aprieta la llave,
   y da lumbre el arcabuz,
aunque el alma se resista
por la boca de la vista
saldrá la muerte, y la luz.

Espeso	Yo que soy más material digo Gila que te estimo.
Gila	Advierte que tengo un primo.
Espeso	Primo?
Gila	Primo.
Espeso	¿Y es carnal?
Gila	Es lo que Dios es servido.

Espeso	Tal puede ser el suceso que no se sirva con eso; y yo por Gila estoy perdido por ser solo, y por no ver cosa que altere mi humor.
Gila	¡Oh, qué malo era el señor para mula de alquiler!
Espeso	¿Por qué?
Gila	Porque me pareces espantadizo a la fe.
Espeso	Tú eres peor.
Gila	Yo, ¿por qué?
Espeso	Porque te echas muchas veces.
Pedro	Espeso, ¿qué es lo que haces?
Espeso	Querer aumentar el mundo.
Pedro	Necio, loco, vagabundo, bien a tu ser satisfaces, vete, villano, de aquí.
Gila	¿Qué receló el estudiante?
Dorotea	Escucha, escucha un instante, o iréme, Pedro, tras ti.
Pedro	Déjame vil cocodrilo,

	que aunque el alma te escuchó, no soy pasajero yo, ni es esta campaña el Nilo.
Dorotea	¿De una mujer huyes?
Pedro	Sí, que no se puede vencer sino huyendo la mujer, mas pues no puedo por mí templar de tu liviandad el ardir desatinado, en este cristal helado, en esta unida frialdad, y en este estanque que el cielo, por reboltoso prendió, y grillos de plata echó sobre lazadas de hielo, me he de arrojar a tus ojos, para que en su centro frío se temple tu ardor, y el mío.
Espeso	Señor, ¿dónde vas?
Pedro	Despojos he de ser de su frialdad.
(Vase Pedro.)	
Espeso	Tú vas a lindo brasero, mira que estás en enero.
Gila	Arrojóse.

Dorotea	¿Qué impiedad!

(Vase Espeso.)

Pedro (Dentro.)	¡Válgame nuestra Señora!
Gila	¿Hay tan extraño prodigio?
Pedro (Dentro.)	Dorotea, Dorotea, mira en este centro frío el vil sujeto que adoras.
Gila	Hasta el cuello sumergido temblando yace de hielo, como entre la nieve el lirio. Vamos a ayudarle.
Dorotea	Tente, que mi pecho endurecido en fiera se ha transformado, déjale morir, pues quiso, por no mirarme a la cara, probar tan necio martirio. Mátele el agua mil veces, y en su helado domicilio desdichadamente acabe, siéndole mortaja el río, aunque no, no morir, que si se arroja atrevido al agua, debe de ser, porque sabe de sí mismo que es todo hielo y nieve, y dos hielos en un vidro, darán más frialdad al vaso,

	pero no se harán perjuicio.
Espeso	¡Favor aquí, que se ahoga!
Gila	Mi corazón compasivo no puede más, Dorotea; porque pienso que te sirvo, a ayudarle voy, adiós.

(Vase Gila.)

| Dorotea | Vete, y al cielo suplico,
que le halles cuando llegues
tan helado, y descaído,
que en la cama de cristal,
donde muere por esquivo,
ánimo aun le falte al alma,
para el postrero suspiro.
Plegue a Dios le halles muerto,
que aunque sé que en esto pido
mi muerte, porque en efeto
vivo con mirarle vivo,
mas quiero que de una vez
caiga el golpe que resisto,
que no tener un verdugo,
que a desprecios y a desvíos
eternamente me acabe.
Pero, ¿qué es aquello que miro?
En los brazos de los dos,
aun no mojado el vestido,
libre, y sin peligro sale.
Sombras que el oscuro abismo
habitáis en voraz fuego,
pues los cielos no han querido |

matarle, porque yo muera,
dadme industria, dadme arbitrio,
dadme poder, dadme modo,
dadme fuerza, y dadme hechizos
para obligar a mi amor,
o ya honesto, o ya lascivo,
a esta peña, a este diamante,
a esta nieve, a este granizo
y, pues que tiene el demonio
mando, poder, y dominio
en cualquier causa segunda,
haced que venga atrevido
a favorecer mi amor;
que tan perdida me miro,
que como venga a lograrle,
cualquier medio por nocivo,
y por extraño que sea,
abrasará mi apetito,
aunque le trace el infierno,
o alguno de sus ministros.
Pero, ¿qué es esto?

(Sale el demonio, muy galán.)

Demonio   Ya vengo
de tus lágrimas movido
a ayudarte. ¿Qué te turbas?

Dorotea   Hombre, ¿quién eres?

Demonio   El mismo
que estabas llamando agora.
Sosiega el pecho afligido.

Dorotea   Erizados los cabellos
               y pasmados los sentidos,
               apenas acierto a hablar.

Demonio   Yo soy la estrella que quiso
               quitarle la silla al Sol
               al instante que me hizo,
               porque en ese mismo instante
               miré en el Verbo Divino
               que Dios había de ser Hombre,
               y que mi espiritu altivo,
               con los demás de mi esquadra
               con cánticos y con himnos
               le habíamos de adorar,
               siendo barro su principio,
               y por no adorar a un hombre,
               aunque el Hombre fuera Cristo,
               perdí la gracia del Padre,
               con la enemistad del Hijo.
               Yo, pues viendo desde el centro,
               donde oscuramente habito
               que triunfa de ti y de mí
               este mozuelo atrevido,
               te vengo a ayudar, escucha
               de mi poder los prodigios.
               Cuantas ciencias, cuantas artes,
               mapas, papeles, y escritos
               tiene el mundo, ya en madera,
               ya en caracteres, ya en libros,
               he visto en un solo instante.
               Por la virtud de los signos
               en lo porvenir rastreo,
               conjeturo y pronostico
               los futuros contingentes.

	Y de lo passado digo
	cuanto ha sido, sin que pueda
	la distancia, o el olvido,
	ni equivocarme dudoso,
	ni suspenderme encogido.
	Yo oscurezco al Sol si quiero
	y en la ciudad de zafiros
	varias impresiones formo,
	haciendo que en pardos giros
	se precipiten las nubes
	dando por el aire gritos.
	Yo altero el mar si me importa,
	y a tanto furor le incito
	que subiendo por el aire
	hecho cometa de vidrio,
	se carea con el cielo,
	y sus peces cristalinos
	con los dos que estan allá
	tal vez nadando se han visto.
	Esto supuesto, yo vengo,
	por ser tu interes y mío,
	a ver si quieres que haga
	inclinando su albedrío,
	que ese Pedro, que se niega
	a tus brazos, y a tus silbos,
	te adore, sirva y regale.
Dorotea	Mucho en eso poco has dicho,
	inotable caso!
Demonio	¿Qué dudas
	siendo yo quien te lo digo?
	Si con el valiera acaso
	el oro, en vasos de Egipto

a tus pies lo arrojaré,
castigado del martillo,
cuanto el Eufrates reserva,
y quanto sepulta el Nilo.
Y si hallare en él deseos
de verse honrado y servido,
dueño de un reino le haré,
donde en varios sacrificios
rendimientos le da el vulgo
que a Dios solo sean debidos.
Y por remate de todo,
y fin de su precipicio
idolatra de tus ojos,
haré que en gustos lascivos,
del carmesi de tu boca
beba el cándido rocío.
Más amigo de Dios era
David, pues le llama amigo,
y allá en los ultimos tercios
de su vida, por mi arbitrio
fue adúltero y homicida.
A un Dios de metal fingido,
a un pedazo de marfil,
y a un poco de oro macizo.
Humo de incienso ofreció,
en altares de jacintos
Salomón a persuasión
de mi mañoso incentivo,
y de trescientas mujeres
que en halagos repartidos
bárbaramente gozaba,
corriendo la posta al viento,
mató por Dina a Sichem.
A Sodoma, y al antiguo

mundo rendidos, y presos
tuve con tan fuertes grillos,
que de Dios vino a estregarse
la paciencia, y vengativo
hizo que los elementos
profanasen lo que el hizo.
Pues si de raros estragos,
tantas culpas y delitos,
tantas infamias y afrentas,
yo solo la culpa he sido,
claro está que venceré,
si con mi poder le embisto,
ese mozo, que a tu honor
le cuesta tantos suspiros.
Y así disponte si quisieres,
que aunque revuelva los signos,
y los ejes del infierno
haga crugir con bramidos,
he de hacer que en torpe lucha
más caricioso que tibio,
Pedro te goce mil vezes,
porque de los cielos mismos
traigo decreto y licencia,
para hacer en él castigos
tales, que del fuerte Job
resuciten el martirio;
que Dios a quien quiere más
trata con menos cariño.
Ánimo, pues, Dorotea,
que viniendo tú conmigo
cierta tienes la victoria,
aunque fuese otro Francisco
y aunque Dios le hubiera hecho
larga promesa de auxilios,

	que soy rayo cuando quiero,
	y agora estoy ofendido.
Dorotea	A mujer determinada
	excusado desvarío
	es decirla que se anime,
	que como Pedro sea mío
	al infierno bajaré.
Demonio	Pues en premio del servicio
	que pienso hacer a tu amor,
	sola una cosa te pido.
Dorotea	Dila presto.
Demonio	Que después
	que le goces en el siglo
	seas mía.
Dorotea	Desde agora,
	si este imposible consigo
	el alma te ofrezco.
Demonio	Basta.
	Tocad al arma ministros,
	¡guerra contra Pedro! ¡Guerra
	voy delante!
Dorotea	Yo te sigo.

(Toquen cajas, vanse y salen Pedro y Espeso.)

Espeso   No me harto de tocarte.

Pedro	¿Qué miras? No estoy mojado.
Espeso (Aparte.)	Por ensalmo te han secado, yo te vi de parte 　pasar con mil estocadas de agua y hielo mal deshecho.
Pedro	Pues tiéntame agora el pecho.
Espeso	Ni aun las medias traes mojadas.
Pedro	Mira Espeso, quien intenta con fe y amor una cosa, aunque muy dificultosa, como es Dios quien la sustenta, 　y nuestro riesgo previene, de suerte la facilita con su piedad infinita, que ablanda el rigor que tiene; 　y así, en cualquiera ocasión, como el cielo te la ofrezca, aunque imposible parezca, con valiente corazón 　entra en ella que si el cielo de tu parte, Espeso, está, ni el agua te tocará, ni podrá ofenderte el hielo.
Espeso	Hará Dios ese favor a su amigo o su privado, mas yo soy tan desgraciado y tan grande pecador, 　que si en una laguna entrara aunque un sorbo de agua fuera,

	de palomino saliera,
	y cuando muy bien medrara
	después de varios tormentos
	de helarme y de refriarme,
	no bastaran enjugarme
	cien gavillas de sarmientos.
	Entra tú, señor, que tienes
	horca y cuchillo en el agua.
Pedro	Dices bien, mi pecho es fragua.
	Vos, Señor, de vuestros bienes,
	y Vuestros rayos divinos
	le llenáis, y le abrasais.
	Gracias a vos que me honráis
	por tan diversos caminos.
Espeso (Aparte.)	(Mi amo se ha divertido
	y detrás de aquel repecho
	me espera Gila. Esto es hecho.
	Si puedo sin ser sentido
	por aquí me he de arrugar.
	Ya estoy el pie en el estribo.

(Vase entrando Espeso.)

Pedro	¡Espeso!
Espeso (Aparte.)	(Cogióme vivo.)
Pedro	¿Dónde vas?
Espeso	A decorar.
Pedro	Pues teniendo el libro yo,

	¿de qué libro has de aprender?
Espeso	No me hace menester ese libro.
Pedro	¿Cómo no?
Espeso	Que traigo otro conmigo.
Pedro	¿Adónde?
Espeso	En el pecho.
Pedro	A ver.
Espeso	Bien me lo puedes creer, que no soy hombre que digo uno por otro.

(Desabotónale.)

Pedro	Aquí hay bulto.
Espeso (Aparte.)	¿Ves como no te he mentido? (Si el le topa estoy perdido.)
Pedro	¿Pues, cómo está tan oculto?
Espeso	Soy hombre muy recatado.
Pedro	Eso es lo que quiero ver.

(Saca unos naipes y caense en el suelo.)

                        ¿Qué es aquesto?

Espeso   ¿Qué ha de ser?
                        El libro desencuadernado.

Pedro   ¡Buen libro por vida mía!
                        No dejarás de estudiar
                        muy bien, si das en andar
                        con tan buena compañía.
                          ¡Muy buen Diurnal has traido
                        para hablar con Dios un rato!
                        ¿Es éste todo el recato?
                        alza, recoge atrevido
                          esos caracteres viles,
                        porque no tope con ellos,
                        otro que se pierde en ellos
                        y sus engaños sutiles.

(Valos alzando.)

                        Llévalos a esa laguna,
                        que yo haré que te castigue
                        el Maestro.

Espeso   Quien te sigue
                        no espere mejor fortuna.
(Aparte.)   (De esta hecha me trasquila.)

Pedro   ¿No te vas?

Espeso   Ya los alcé.
(Aparte.)   (Lindo sermón me papé;
                        mas escúrrome con Gila.)

(Vase Espeso.)

Pedro   Agora que estoy —¡ay Dios!—
más solo y más retirado,
quiero, mi Jesús amado,
entrar en cuentas con vos.
   Vos me distes albedrío,
y yo por poder pagaros
lo que me dais vuelvo a daros
por no tener nada mío.
   Y pues que de mis cuidados,
tan estrecha cuenta os doy,
que ya vuestro esclavo soy
con yerros de mis pecados.
   Decidme, Señor divino,
¿para gozar vuestros brazos
sin peligros ni embarazos,
cuál es el mejor camino?
   Yo seré, si vos queréis,
sacerdote en mi lugar,
mas no debéis de gustar
pues que no me respondéis.
   Disponed, Señor, de mí
pues ya me dispongo yo.
¿Quedaré en el mundo?

(Dentro la Música.)

Música   «No.»

Pedro   ¿Seré religioso?

Música   «Sí.»

Pedro	Pues para subir al risco de vuestra gracia, Señor, ¿qué he de hacer?
Música	«Ir al amor.»
Pedro	¿Dónde le hallaré?
Música	«En Francisco.»
Pedro	Parece del cielo —¡ay Dios!— la voz que acabo de oír, que no es nuevo recibir tales regalos de vos; pero, ¿qué es esto, mi bien, que ilumina todo el suelo? ¿Es embajada del cielo?

(Suena música y sale el ángel de la guarda con un hábito de San Francisco en las manos.)

Ángel	Pedro sí.
Pedro	¡Qué mayor bien!
Ángel	Pedro, el cielo te escuchó y agradecido a tu celo, rompiendo el muro de hielo, que te traiga me mandó, el hábito que te aguarda. Hjo de Francisco eres.
Pedro	¡Qué soberanos placeres siento en mí!

Ángel   ¿Qué te acobarda?

Pedro   Verme sin merecimiento
para gozar favor tanto.

Ángel   Recibe el hábito santo.

(Dásele.)

                      Yo te amparo, yo te aliento.
                      Dios me ha hecho de tu guarda,
                      no temas.

Pedro   Custodio mio,
                      en vuestro favor confío.

Ángel   Con resolucion gallarda
                      habla a tus padres primero,
                      pues todo el amor lo allana,
                      y en la Custodia mañana
                      de Extremadura te espero.

(Vuelve a irse el ángel, con música.)

Pedro   Hermano Pedro, decid,
                      con el presente favor
                      ¿cómo os va? Diréis que bien,
                      y tendréis mucha razón.
                      Amor, hagamos locuras;
                      pues estáis de buen humor,
                      salte el alma de plazer,
                      descompóngase la voz.
                      Vamos por la calle en cuerpo,

y juntemos los muchachos,
que no será nuevo, no,
supuesto que Dios es Rey,
tener sus truhanes Dios.
Vos me llamáis, Señor mío,
y así a obedeceros voy,
que con vos decir y hacer
es la respuesta mejor.
Dexaré padres y deudos,
hacienda, mundo y honor,
que harta riqueza me queda
pues conmigo quedáis vos.
Amor, bien debo este afecto
a un Dios que por mi murió
como muy hombre de bien
pues a tantos esperó.
¡Ay, hábito santo mío!
¡Ay, soberano cordón!
¡Ay, tela del cielo en fin,
pues el cielo la tejió,
mil abrazos quiero daros,
y en el mismo corazón
aposentaros quisiera,
que no tiene el hombre, no,
mejor sala que ofrecer
aunque venga el mismo Dios!
Mundo, hasta aquí fui cautivo.
La divina redención
de Francisco me rescata.
Suyo soy, alla me voy.
Otra vez vuelvo a besaros,
y con esto mundo adiós,
porque me espera Francisco
en su santa religión,

                    y más vale su zapato
                    mil veces que todo voz.

(Vase besando y abrazando el hábito y salen Dorotea y el demonio.)

Dorotea   Por aqueste desierto
                    de solo fieras y peñascos broncos
                    habitado y cubierto,
                    ¿dónde me llevas con suspiros roncos?

Demonio   A lograr tu deseo.

Dorotea   Tan lejos estoy de el, que no le veo.
                        Si con Pedro he de verme,
                    como por tus palabras me aseguras,
                    ¿de qué sirve traerme
                    por este incierto campo?

Demonio   Si procuras
                    remedio a tu tormento,
                    oye y verás lo que por él intento.
                        Yo supe ayer que hablando
                    Pedro estuvo con Dios y Dios le puso
                    el corazon tan blando,
                    que juntamente le obligó y dispuso
                    a que el mundo dejase,
                    y de Francisco el hábito tomase.
                        Agora, agora pide
                    a su padres con lágrimas licencia.
                    Agora se despide,
                    y a sus deudos haciendo resistencia;
                    no llora, que no llora
                    quien ve que en lo que deja se mejora.
                        A pie con un criado,

ya de la villa se despide y parte
solo a un palo arrimado,
porque sustenta Dios la mayor parte,
mas mi engaño por eso
hará doblar de su virtud el peso.
  Por aquesta vereda
ha de pasar para pasar el río,
y yo, porque no pueda
pasarle sin hacer un desvarío,
la barca hice pedazos.
Rompí las tablas, y corté los lazos.
  Mira como ya llueve
ya las nubes parece que la tierra
todo el agua les bebe.
Mira cubierta de temor la sierra,
el viento alborotado,
cobarde el Sol, y enternecido el prado.
  Todo aquesto que he hecho
es porque Pedro que tras nosotros viene,
donde en viendo deshecho
ese animado leño que va y viene,
con los dos hará venta,
y pagará del gusto la pimienta.
  En aquella cabaña,
ancho palacio a unos pastores,
metiendo yo cizaña,
se dexará llevar de tus amores,
que en la ocasión no hay santo;
que aunque lo sea lo parezca tanto.
  La noche, la hermosura,
la soledad, el frío, y el regalo
trocarán su cordura.
que el bueno en la ocasión tal vez es malo,
pues para errar el hombre

                        trae la soga arrastrado con el nombre.
                           Enamorosos quiebros
                        al son cantados de las aguas mudas
                        te infundiré requiebros
                        que basten a ablandar las peñas duras.
                           Ambar pondré en tu boca,
                        si es que a la lujuria el buen olor provoca.
                           Mas, tente; que ya llega,

Dorotea   Agora sí tus verdades creo.

Demonio   Ya baja, ya se ciega
                        con el ayre, y el agua.

Dorotea   Ya le veo.

Demonio   Hoy cumplirás tu gusto
                        que con mujer no hay hombre que sea justo.

(Salen Pedro y Espeso de camino, con alpargatas y palos en las manos, Espeso muy mojado y Pedro, no.)

Espeso   El demonio me engañó.
                        Buen camino hemos traído,
                        dos horas nos ha llovido.

Pedro   Dios que el trabajo embió,
                           el remedio nos dará.

Espeso   Miren, ¿qué bota de vino,
                        o qué jamón de tocino?
                        ¿Hay tal flema?

Pedro   Bien está.

Espeso	No está; que es mucho además habiendo en casa seis machos, venir como los muchachos cuando por novillos van.
Pedro	Quien ha de ser religioso...
Espeso	No es serlo quererlo ser.
Pedro	Yo hago lo que he de hacer.
Espeso	Tú tienes lindo reposo; mas allegate acá.

(Tiéntele todo.)

Pedro	¿Qué miras?
Espeso (Aparte.)	Si es de seda aqueste flueco. (¡Vive Cristo, que está seco!)
Pedro	¿Qué me tientas y te admiras?

Espeso	Agora te lo diré.
	Tú, señor, en confianza,
	de que el agua no te alcanza
	ni aun a la planta del pie.
	  Entras por ella, y de mí,
	aunque en los charcos me pierdas
	ni te dueles ni te acuerdas,
	pero no ha de ser así.
	  Agora suelta la capa.

(Quitale la capa y el sombrero.)

Pedro   ¿Qué haces, Espeso amigo?

Espeso   Trocar vestido contigo,
         que si por tuyo se escapa
           de este elemento arrogante.
         Poniéndote mi vestido,
         el cielo comedido
         te secará al instante,
           y estando muy bien seco
         de aquel pasado rocío
         bolveré a ponerme el mío,
         y desharemos el trueco.

Pedro   Eso de muy buena gana,
         que porque tú vayas bien
         iré yo mal.

Espeso   Está bien

(Vale quitando la sotana, y luego pónele la suya.)

         mojada ropa. ¡Fuera de sotana!

Demonio Salgamos que ya estoy loco.

Espeso   Parece que te refresca.

Pedro   ¿Y ésa?

Espeso   Está como una yesca.

Pedro   ¿Quieres más?

Espeso	Que poco a poco te vayas desatacando que me he de poner los grigüescos porque estos vienen muy frescos.
Dorotea	Como que vamos andando, nos llegaremos.
Pedro	Espera, que hacia allí siento pisadas,

(Lleguen rebozados Dorotea y el demonio.)

Demonio	Buenas noches camaradas.
Espeso	Buenas cenas también fuera buen modo de saludar.
Pedro	Nuestro Señor sea bendito,
Demonio (Aparte.)	(También a no estar precito, le supiera yo alabar.)
Dorotea	Vengan en hora buena, que si aquí quieren quedarse, por descansar y enjugarse, habrá cama, lumbre y cena.
Espeso	Yo ya me doy por quedado.
Pedro	Antes quisiera llegar, a ser posible al lugar.

Demonio	Venis desesperado,
	    pues con tal noche queréis
	    pasar estando el camino
	    tan malo.

Espeso	¡Qué desatino!

Dorotea	Aquí descansar podéis,
	    no faltará vino y pan
	    con su pedazo de queso.

Espeso	Será esto para Espeso:
	una gallina, un faisán.
	    ¡Oh, divinos valedores,
	de cansados pasajeros,
	abrazaros tengo y veros.
	Señor, aquestos señores
	    nos hacen tanto favor,
	que es necedad no aceptar.

Pedro	En fin, te quieres quedar.
Espeso	Fuera lo demás error.
Pedro	Alto pues, por ti me quedo.
(A Dorotea.)	
Demonio	Llega agora, que ya está más blando.
(Llega Dorotea.)	
Dorotea	Luego se hará

	la cama y verá que puedo
servir al rey de la tierra;
que sois vos regalo mío.
Pedro (Aparte.)	(Señor, contra el albedrío
el espíritu hace guerra.)
Dorotea	¿Conoces esta hermosura?
Pedro	No quiere Dios que la vea.
Dorotea	Mira que soy Dorotea.
Pedro	¿Quién?
Dorotea	Quien servirte procura.

(Retírase el santo Pedro.)

Pedro	¡Válgame Dios!
Dorotea	¿Qué te espantas?
Dorotea soy que vengo,
pues más remedio no tengo,
siguiendo, Pedro tus plantas.
Si con tu talle me encantas,
con tu tibieza me enciendes.
Pedro	Pues ya de mí, ¿qué pretendes?
Dorotea	Quejarme de tu rigor,
pues porque te tengo amor
bárbaramente te ofendes.

Pedro	Yo me ofendo porque sé que no hay amor tan honesto que no llegue a descompuesto si se trata y si se ve; que aunque Dios conmigo esté, si yo la ocasión que veo no la huyo y la rodeo, moriré muerte civil; porque siempre fue sutil el ingenio del deseo.
(A Dorotea.)	
Demonio	Déjale entrar y después hará la ocasión su oficio.
Dorotea	Pues ya que tienes por vicio el amor, aunque cortes, entra a cenar.
Pedro	Pues, ¿no ves que te debo yo estorbar el pecar, y que en entrar, aunque yo me libre a mí, peco, porque doy así ocasión para pecar?
Demonio	No es pecar cenar aquí habiéndote de quedar.
Pedro	Irme puedo sin cenar.
Espeso	¡Ay, descenado de mí!

Dorotea	¿Es posible que de ti no confías algo?

Pedro	No,
	que un Pedro mejor que yo,
	solo por llegarse a ver
	en ocasión de mujer,
	a su mismo Dios negó.
	   Estando delante de él
	fervoroso y impaciente
	sacó el acero valiente,
	y a Malco ofendió con el,
	y en apartándose de él,
	de una mujercilla al grito
	negó su nombre infinito
	aun antes de dar las doce,
	porque nadie a Dios conoce
	delante de su apetito.
	   De la ocasión todo nace,
	y así, quien en ella entra,
	y con su muerte no encuentra,
	ese tal milagro hace,
	y así decidle que trace
	de dar vida a un cadáver yerto;
	que entrar a riesgo cierto,
	y salir libre después,
	mucho más milagro es
	que resucitar un muerto.

Dorotea	Pues aquesta noche, ingrato, aunque te pese has de hacer milagros, y una mujer ha de vencer tu recato.

Pedro	Pues, ¿no será más barato dejarte yo?
Dorotea	No será, porque el río en medio está.
Pedro	También hay barca en el río.
Demonio (Aparte.)	(Logróse el intento mío.) Allegad todos acá. Aquella leña vacía que está de este tronco enfrente era el estribo valiente de la barca que aquí había. Aqui se ataba y torcía la cuerda; pero denantes un viento, con arrogantes impetus, la arrebató, y casi con ella dio en los celestes diamantes.
Espeso	Buen pulso tuvo ese viento.
Pedro	¡Válgame Dios! ¡Qué desgracia!

(Tómele las manos Dorotea.)

Dorotea	¿Qué desgracia, si en mi gracia hallas tal acogimiento?
Pedro	Señor, de mi pensamiento me librad.
Demonio	Si Dios quisiera

	librarte, no permitiera
que la barca se quebrara.
Pedro	También otra me emviara,
si mi fe lo mereciera;
pero no importa, traidor,
que ya sé quién puedes ser;
que antes de mucho has de ver
vencido tu loco error.
(A Espeso.)	Ven tu conmigo.
Espeso	Señor,
¿adónde vas?
Pedro	A pasar.
Espeso	¿Cómo si no sé nadar?
Pedro	No importa, amigo, que Dios
sabrá pasar a los dos
sin nadar y y sin pasar.
Sígueme.
Espeso	Vete sin mí,
que yo bien estoy acá.

(Al irse a entrar sale Cristo en forma de niño Jesús.)

Niño	Pedro, barca tienes ya,
tu fe me ha traído aquí.
Venid los dos.
Demonio	¡Ay de mí!

Pedro Siempre, Señor, me honráis vos.

Espeso ¡Tamañino estoy por Dios!

Niño Dame la mano.

Espeso ¡Qué dicha!

(Vanse el niño, Pedro, y Espeso.)

Demonio ¡Oh, pesia con mi desdicha!
Abrazados van los dos.

Dorotea Pedro, Pedro.

Demonio ¿Qué le llamas,
si le lleva Dios al lado.

Dorotea Ya en la barca se han entrado

Demonio Y yo quedo en vivas llamas.

Dorotea Ya las olas, y las lamas
rompe el esquife brillante.

Demonio Y yo por no estar delante
al infierno voy a huir.

Dorotea Y yo a tratar de morir
desesperada y amante.

(Vanse entrambos cada uno por su puerta, y al son de las chirimías se descubre una barca muy linda, el ángel de la guarda por barquero, el niño, Pedro y Espeso.)

Niño	Ya, Pedro, en la barca estás, que si el demonio rompió una, mi amor fabricó otra que es en la que vas.
Pedro	Mirad, Señor, que haceis más de lo que mi amor pedía.
Niño	El barquero que te guía es la guarda que te di.
Ángel	Señor, partiremos?
Niño	Sí.
Espeso	¡Qué música! ¡Qué alegria!

(Vuelven a tocar chirimías y parte de una parte a otra la barca y luego se cubre con una cortina.)

Fin de la primera jornada

Jornada segunda

(Sale fray Pedro, ya con el hábito descalzo, deteniendo a Espeso, que vendrá de lego gracioso como hortelano y traiga el Santo Pedro una carta.)

Espeso   ¡Voto a tal!

Pedro   ¡Jesús hermano,
cierto que me escandaliza!

Espeso   ¡Que se coman la hortaliza!

Pedro   Vaya, váyase a la mano.

Espeso   No puedo que es gran maldad
lo que pasa en esta huerta.
En viendo la puerta abierta,
como si fuera ciudad,
   que se da a saco, se entran
y a troche y moche sin ver,
que se acaba de poner,
con lo primero que encuentran.
   Se dan un filo en los dientes,
y buscando los cogollos
hacen pascua de repollos
como Herodes de Inocentes.
   Las lechugas, sin limpiar,
se las meten a docenas.
De coles y berenjenas
es un sin fin de contar
   lo que aquestos padres comen.

Pedro   A la hambre no hay pan malo,
y como están sin regalo

no me espanta que le tomen
alguna cosa.

Espeso   Ayer vi
cierto padre que se entró
en el habar, a quien yo
atisbé como un nebli
   por entre aquellos jarales,
y con cáscaras y todo
engullir le vi de modo,
que apenas en dos costales
   cupiera la cantidad;
mas viendo que no mondaba
ni aun por cumplimiento un haba
dije: «Gran necesidad
   tiene el padre reverendo»,
y callé; mas de allí a un rato
vi que con menos recato
iba mondando y comiendo,
   y cuando ya imaginé
que se iba y lo dejaba,
después de mondar el haba,
—con esto me rematé—
   le vi muy necio quitar
aquella postrer camisa
que con su esmeralda frisa,
y de una manga sacar
   un papel, en que traía
—aquello fue su mal—
un panecillo de sal
en que mojaba y comía;
   mas yo que estaba hasta aquí
de cólera y con razón
me fui a él como un león

	y como prior me vi
	de la guerra, pues me han dado
	por mi cuenta su distrito,
	lo primero le di un grito
	con que le dexé atontado,
	y luego con la mohina
	colérico e inhumano
	le di de mi propia mano,
	tan cumplida disciplina
	que llevó como un clavel
	todo el globo circular
	que aunque pudiera aguardar,
	a que la tomase él
	parecióme que era atajo
	el no se lo encomendar
	y así se la quise dar
	por quitarle de trabajo.
Pedro	¡Jesús! Ni aun de papirotes
	le había de dar sin mí.
Espeso	Pues no, padre, no le di
	sino hasta noventa azotes.
Pedro	Cierto que si no supiera
	que era un insensato, un loco
	inocente, y para poco,
	porque escarmento hiciera
	un gran castigo, en señal
	de su necio frenesí.
Espeso	Yo hasta las habas sufrí,
	pero no pude la sal.

Pedro   Miren qué grandes delitos
              para tan poco desgarro.
              No me hables más.

Espeso   ¿Y fue barro
              quitar los ollegitos?

Pedro   No vaya más a la huerta.
              Sirva solo en la cocina.

Espeso   Oh, lengua hermosa, y divina,
              lengua que a premiar acierta,
                 agora sí que será,
              Espeso, un santo, eso sí
              que me viene bien a mí,
              como en ello se verá.
                 Adiós cansado azadón.
              Adiós espuerta. Adiós noria.
              Adiós parda zanahoria.
              Adiós escrito melón,
                 berengena de tres suelas,
              rábano descolorido,
              cohombro largo y torcido,
              pepino con sus viruelas,
                 mastuerzo estornudador,
              descompuesta calabaza,
              menudísima mostaza,
              anchísima coliflor,
                 acelga larga, y angosta,
              peregil que abre la gana,
              y de color de gitana
              lentenja de poca costa,
                 fresca, y sabrosa lechuga,
              cebolla blanca y grosera,

  escarola como cera,
berza que la frente arruga.
  ajo, repollo, garbanzo,
berro, espárago arbejón,
haba, achicoria, bretón,
cambueso, espliego, y mastranzo.
  Adiós, pues hoy mis cautelas
truecan vuestros embarazos
por asadores, por cazos,
ollas, sartenes, cazuelas,
  platos, carbón, escudillas,
peroles, jarros, pucheros,
alnases, tazas, morteros,
estropajos, y rodillas
  donde entrare por mi bien
flaco triste, y lechuguino,
y saldré como un cochino
por siempre jamás, amén.

(Vase Espesa, saltando y haciendo reverencias al Santo, Pedro.)

Pedro   Ya se fue. Vaya con Dios,
que cierto que me ha enojado,
pero habémonos criado
desde muchachos los dos
  siempre juntos, y no sé
tratarle mal aunque quiera.
Mas, Señor, ¿de qué manera
podrá deciros mi fe,
  lo que debo a vuestro amor?
Por vos, mi Dios, vine aquí.
El hábito recibí,
vos sabeis esto mejor;
  el año del noviciado

le paseé con mil favores,
gustos, regalos y amores,
de vos siempre visitado,
   no porque lo mereciera,
que ya sé, mi Dios, que soy
siervo inútil, y no doy
aquel fruto que pudiera;
   mas como vos sois amante,
y al alma galanteáis,
siempre con ella os andáis
sin quitaros de delante.
   Salí de novicio en fin,
y fui portero después,
oficio que muy bueno es,
mas como vos sois mi fin,
   tal vez me daba pesar,
estando juntos los dos,
haber de dejar a Dios
por hablar con un seglar.
   De portero fui enfermero,
y aunque grande pecador,
mis enfermos, que favor,
tanta ventura tuvieron,
   que muchas veces bajastes
con vuestra Madre María
a la pobre enfermería,
donde a todos visitastes,
   y en nada mira a quien ama;
pues tal vez, dichoso yo,
vuestra madre me ayudó
a hacer a alguno la cama.
   De enfermero a guardián,
sin algún merecimiento,
he venido a este convento

   que vuestros favores van
      muy apriesa en mi favor.
Aqui, Señor, me tenéis.
Yo quiero lo que queréis,
que lo demás fuera error.
   Mas, ¿cómo, Dueño amoroso
nada me habéis preguntado
de esta carta que me han dado?
¿Cómo no estáis muy celoso?
   Que a fe que es hermosa dama,
y tanto que por hermosa
pretende ser vuestra esposa,
que bien puede quien bien ama.
   Señor, Teresa me escribe,
que aunque salió con su intento,
y ha fundado su convento
afligida siempre vive
   con su confessor, que como
tanto vuestro amor la enciende,
nadie su espíritu entiende
y a su amor llaman asomo
   de superstición, probando
que no es Dios tan familiar
que con ella se ha de citar
a todas horas hablando,
   como si en su santo nombre
no hubiera mayor jornada
de hacer al hombre de nada,
que es hablar después al hombre.
   Dad pues dulce amado mío,
luz de esta Luz Celestial,
al padre espiritual
que govierna su albedrío.
   Bien Teresa lo merece,

que es santa, discreta, y bella.
　¡Oh, quien fuera como ella!
　Que bien ama, que bien crece
　　en su espíritu. Mi Dios,
una envidia virtuosa
tengo de ver cuan gozosa
se requebrara con vos.
　　Como discreta os dirá
mil amorosas ternezas,
mil gracias y sutilezas
y vuestro amor, claro está,
　　la responderá otras tantas.
¡Ay, Señor! ¡Si yo supiera
deciros lo que quisiera
arrojado a vuestras plantas!
　　Pero yo quiero probar,
y si errare, vos podéis
enmendarme pues sabéis.
Vaya pues de enamorar.
　　¿Vos sois Jesús? Qué sé yo,
que vuestro divino ser
puede el alma creer,
pero penetrarle no.
　　¿Diré que os amo, mi Dios,
tanto como vos a mí?
Pero no es que no es así,
pero como os cuesta a vos
　　una vida bien perdida,
que es donde amor echó el resto,
y me amáis conforme os cuesto
será como a vuestra vida.
　　Y si la vida es en Dios,
el mismo ser que tenéis,
y como a vos me queréis,

más que yo, me queréis vos.
   Diré que sois; mas no acierto,
Señor, a deciros nada
que el alma de apasionada,
aunque su amor es tan cierto,
   se encoje, se atemoriza,
se cobarda, y se recata,
y los amores que trata
entre sí los solemniza
   porque un corazón amando
cuando os tiene a vos por centro
tiene la lengua hacia dentro,
y dice mucho callando.
   Y si no tenéis paciencia
y veréis si sabe hablar.

(Sale Espeso y quédase Pedro como hablando con Dios.)

Espeso
                Aquí se debe de estar,
mire vuestra reverencia
   que aguarda en la portería
una grande muchedumbre
de villanos, no dio lumbre.

Pedro
                Que soberana alegría!

Espeso
                   Vuelve otra vez un tropel
de gente y un estudiante
—parece un representante
cuando estudia algún papel.
   ¿Qué he de decir? ¿Que no entre?
Eso es hablar en desierto
que el uno de ellos es tuerto
que te duele mucho el vientre.

            Esto es cansarnos en vano.
            Mira que es necesidad
            de un prójimo, que piedad
            recordo.

Pedro   ¿Qué es eso hermano?

Espeso   Pienso que una endemoniada
            que se está haciendo pedazos,
            y dizque da unos porrazos
            segun dice el camarada,
               que a mira y a maravilla
            se puede venir a ver,
            porque de un golpe es mujer
            que remacha una costilla;
               mas helos aquí.

(Sale Dorotea endemoniada y teniéndola dos o tres labradores.)

Dorotea   Dejadme.
            ¿Qué me queréis viles hombres?
            Mujer soy como las otras.
            ¿Qué me atormentais traidores?
            Dejadme, o viven los cielos,
            y el infierno vive, adonde
            mientras que Dios fuere Dios
            he de vivir, que os ahogue,
            y a bocados os abrase.

Espeso   ¿No la ves? ¿No la conoces?
            Dorotea es sin duda,
            que ciega de tus amores
            habrá tenido este fin.
            Mírala bien las facciones.

Pedro	Como nunca la miré, aunque en muchas ocasiones me ha hablado, no la conozco.
Labrador 1	Allega padre y socorre este trabajo.

(Al llegar Pedro, hace Dorotea grandes extremos.)

Pedro	Apartad, y tú, loco, no alborotes la casa que no fue tuya.
Dorotea	Pues, ¿con estos embaidores al convento me traéis no teniendo yo calzones? El Obispo lo sabrá.
Espeso	¡Jesús, qué de mojicones! Ellos salen de esta hecha sin narizes, ni bigotes. Dios defienda nuestro barrio.
Pedro	Que calles y te reportes en nombre de Dios te mando.
Dorotea	Así, tu amor me perdone, no eres Pedro, Pedro mío, mi rey, mi señor, amores.
Pedro	Deten la lengua, no hables.
Dorotea	Pues hipócrita mal hombre,

                        ¿así desprecias y olvidas
                        antiguas obligaciones?
                        ¿No te acuerdas santurrón,
                        cuando en el campo una noche,
                        junto a la barca del Tiétar,
                        me forzaste entre unos robles?
                        Y, aunque eres fraile, he corrido
                        por tu cuenta desde entonces,
                        que para con las mujeres
                        también los frailes son hombres.

(Escóndese Espeso detrás de todos.)

Espeso   Sí, por cierto, por aquí
                        me meto, porque no tope,
                        conmigo aqueste demonio
                        y de paso me deshonre;
                        que soy muy gran pecador,
                        y me sabe los rincones.

Pedro   A no tener de su mano
                        el cielo nuestras pasiones
                        claro está que le ofendiera
                        el más santo, el más conforme,
                        pero no es así, traidor,
                        que de sus frailes menores
                        tiene Dios mucho cuidado.

Dorotea   Y aquél que está en el esconce
                        de gata de Mari Ramos,
                        ¿qué diremos de él?

Espeso (Aparte.)   (Pescóme;
                        mas quiero hacerme su amigo

	porque con otro desfogue.)
	Dios guarde a vuesa merced
	y la de de sus favores,
	que él sabe que se lo pido
	en mis pobres oraciones.

Dorotea   No he de menester yo a Dios.

Espeso   Pues no sea, no se enoje
                 llévenla todos los diablos,

Dorotea   Si harán, señor sacrimoche,
                 pero porque se mesura,
                 que se mirla, que se encoge,
                 cuantas veces diga ha ido
                 de Alcalá a Güete, con orden
                 de nuestro padre guardián.

Espeso   ¡Jesús, Jesús, no lo tome
                 en la boca! Dios sea aquí.

Dorotea   Como está Gila, crióse
                 aquel infante de marras,
                 forjado entre diez y once.

Espeso (Aparte.) (Partióme de medio a medio.)
                 Señor demonio, reporte
                 la lengua, o con el hisopo,
                 que es en la iglesia mi estoque,
                 le daré mil vergonazos.

(Enfurécese Dorotea y va tras él.)

Dorotea   Pues, ¿tú también te me opones?

	¡Soltadme, perros, soltadme!
Espeso	¡Oh, quien se fuera a la torre!
Dorotea	Y veréis como al bigardo.
Espeso	Ténganla muy bien, señores.
Labrador 1	No haya miedo que se suelte.
Dorotea	Matarte tengo.
Espeso	¡San Cosme!
Dorotea	Allá voy.
Espeso	¿Para qué diablos!
Labrador 2	No tema.
Espeso	Mal la conocen, mejor lo hará ella que lo dice.
Dorotea	Mas de ochenta mil azotes, te he de dar.
Espeso	Si es por vengar los del padre, advierta y note que no llegaron a ciento.
Labrador 1	No vale que tira coces.

(Suéltese y pegue a Espeso.)

Espeso	Favor aquí padre mío.
Pedro	Monstruo tente.
Dorotea	No me toques.
Pedro	Sí, quiero.
Dorotea	Pues, ¿qué me quieres?
Pedro	Que escuches.
Dorotea	Pues a razones quieres ponerte conmigo, siendo yo por todo el orbe graduado en cualquier ciencia.
Pedro	No me importa nada, oye.
Espeso	Medio muerto me ha dejado.
Pedro	Di, ¿por qué tantos rigores usas con aqueste cuerpo porque le ofendes y rompes?
Dorotea	Porque me ha dado palabra de ser mío si de un hombre gozaba lascivamente.
Pedro	¿Y ese tal hombre rindióse a su gusto?
Dorotea	Por lo menos con ella estuvo una noche,

                        si ella perdió la ocasión
                        y dejó pasarla en flores,
                        no tuve la culpa yo.

Pedro   Sí, pero el concierto entonces
                        fue de allanarle a su gusto
                        para ser con ella torpe,
                        mas si tú no lo cumpliste,
                        ¿qué ley hay para que cobres
                        la palabra que te dio
                        faltando las condiciones?

Dorotea   Yo soy menor, y no pude
                        dar palabra, sin que otorgue
                        su poder todo el infierno,
                        y le firme de su nombre,
                        mas ella que su albedrío
                        goza, sin que Dios la estorbe,
                        bien pudo de lo que es suyo
                        hacer lo que quiso entonces.

Pedro   Sí, pero advierte enemigo,
                        si a ese grado te acojes,
                        que también ella es menor.

Dorotea   ¿Cómo?

Pedro   Escucha, y no te asombres.
                        Tenedla bien.

Dorotea   ¿Qué me quieres?

Pedro   Hacer que el hábito tome
                        de mi padre San Francisco,

                    y prometer en su nombre
                    recibirle, con que queda
                    de nuestra Tercera Orden
                    menor.

(Pónele el hábito encima de la cabeza.)

Dorotea   ¡Oh, pesia al infierno!

Pedro   Señor, manda que no postre
                    más el demonio este cuerpo.

Dorotea   Daré gritos, dare voces,
                    y haréme pedazos antes.

Espeso   Bravo diluvio de golpes.

Dorotea   Pedro dejame, ya salgo,
                    y al infierno me voy, adonde
                    diré blasfemias de Dios.

(Cae Dorotea en el suelo y sale de junto a ella un cohete.)

Espeso   ¡Gran milagro!

Labrador 1   ¡Desmayóse!

Espeso   ¡Esto es ir echando chispas
                    propiamente! Zabullóse.
                    Ya estará de chicharrón
                    en algún perol en azogue.
                    Dios guarde a tu reverencia
                    que a este diablo matalote
                    ha puesto como merece,

                  que es un mal Cristiano, y pone
                  con sus necias palabradas
                  en ocasión.

Pedro   No se enoje.
                  A Dios se lo debe todo,
                  y así por tantos favores
                  démosle todos las gracias.

Labrador 1   ¡Qué santidad tan conforme!

Labrador 2   ¡Qué virtud tan bien fundada!

Espeso   ¡Qué humildad sin invenciones!

Pedro   Y ella hermana, pues que Dios
                  de este soberbio Faetonte
                  la ha librado, vuelva en sí.

Dorotea   Ya vuelvo, y que me perdones,
                  con lágrimas en los ojos
                  que son las lenguas mejores,
                  pido a tus pies, padre mío.

Pedro   Pues advierta que en su nombre
                  he dado a nuestro Señor
                  palabra, que en nuestra orden
                  tomará el hábito santo.
                  Álcese. ¿Qué me responde?

Dorotea   Padre.

Pedro   No pase adelante
                  que ya entiendo sus razones.

	Dirá que tiene a Teresa,
	por vecina, santa y noble,
	devoción, y que quisiera
	en uno de sus rincones
	acabar. ¿No es así?

Dorotea   Si Dios con secretas voces
           a tu amor se lo revela,
           porque mi intento se logre,
           claro está que será así.

Pedro   Pues hija no se apasione,
           que la palabra que di
           comuto, y porque no tome
           acá otra vez, al momento,
           pues todo bien se dispone,
           escriviré a nuestra madre,
           que tuve una suya anoche,
           y sé yo que hará por mí
           cualquier cosa. Mas, ¿qué coches
           son éstos que el campo cubren,
           y van saliendo del bosque?

Labrador 1 Padre, el rey don Sebastián
           salió antiayer de la corte
           para el África, y vendrá,
           porque la victoria goce
           a recibir de esta casa
           las últimas bendiciones.

Pedro   Pues vamos a retirarnos
           que con los grandes señores
           parece mal la pobreza.

Espeso   Padre, en tales ocasiones
                paréceme que es forzoso
                que le recibas y alojes.

Pedro   Mire hermano, nuestro padre
                general, viene en su coche.
                Él sabrá lo que se ha de hacer.
                Adiós, hijos, enga.

(Abraza a todos y dales a besar el hábito.)

Espeso   Voyme,
                por acá, porque aún me temo
                que esta mujer se endemonie
                segunda vez, por vengar
                al padre de los azotes.

(Vanse y sale al son de cajas muy acompañado el rey don Sebastián con bastón, el duque de Verganza, y otro caballero.)

Duque   Ésta, Señor, es la casa
                de fray Pedro.

Rey   Es una perla.
                Mucho me he holgado de verla.

Duque   De cuarenta pies no pasa
                   de ancho y largo, con tener
                celdas, claustros y cocinas,
                con todas las oficinas
                que pueden ser menester.

Rey   Todo es cielo aquesta tierra,
                y así a fray Pedro llamad,

                    porque en tanta tempestad,

(Vase el caballero.)

                    para tener de esta guerra
                       la vitoria que procuro
                    y contra el África trazo,
                    pienso que con un abrazo
                    de fray Pedro la aseguro,
                       tal es su gran santidad,
                    a lo menos en mi opinión.

Duque   Y en toda la religión.

(Vuelve a salir el caballero con fray Pedro, que vendrá como de mala gana.)

Caballero   Mire que su majestad
                       le está esperando.

Pedro   Recelo
                    que vengo, señor turbado
                    porque como nunca he hablado
                    sino con el rey del cielo,
                       pienso que no he de amañarme.
                    Mas si la santa obediencia
                    lo manda, tendré paciencia,
                    que esto debe de importarme.

Caballero   Ya fray Pedro está aguardando.

Duque   Pues ¿por qué no llega? ¡Ea,
                    que su majestad desea
                    hablarle! ¿Qué está dudando?

Pedro (Aparte.) (De ver el trágico fin
que al rey aguarda después.
¡Oh, valiente portugués,
mas sin experiencia en fin!
    Quitarle de la cabeza
tengo, si puedo esta acción;
pues, hay tan buena ocasión.)
Déme los pies, alteza.

Rey ¡Jesús, padre, con los brazos
quiero que nuestra amistad
se confirme! ¡Qué humildad!
Estos brazos son lazos
    para que siempre me tenga
en memoria de su amor,
que yo pagaré el favor
cuando del África venga.
    Dios lo sabe. Agora quiero
que me eche su bendición.
A esto vine.

Pedro (Aparte.)   (¡Qué afliccion!)

Rey   ¿Qué se entristece?

Pedro   Primero
os quisiera suplicar,
pues esta guerra, señor,
ni es de provecho, ni honor,
que la excuséis. Esto es rogar.
    Vos vais, señor contra un moro,
y queréis hacerle la guerra
para quitarle la tierra.
Infiel es, yo no lo ignoro,

	mas supuesto que él no ha dado
	ocasión a vuestra gente,
	es reventar de valiente
	inquietar al sosegado,
	y, por vida de los dos,
	perdonad mi arrojamiento,
	que de esta guerra no siento
	que sea servido Dios.
Rey	¿No es guerra contra un infiel,
	loco y bárbaro?
Pedro	Es así;
	mas, ¿vos no intentáis aquí
	quitarle su tierra a él
	para juntarla a la vuestra?
	Que esto tuviera disculpa;
	que la codicia no es culpa
	si contra infieles se muestra.
	Mas tener esa codicia
	para que otro moro sea
	quien esta tierra posea,
	ni es religión ni es justicia.
Rey	Mire vuestra reverencia...
Pedro	Muy bien mirado lo tengo.
Rey	Yo por consejos no vengo.
Pedro	Ya sé que es impertinencia,
	que hable en esto mi humildad.
Rey	Pues déjelo.

Pedro	Quiere Dios,
	aquí para entre los dos,
	que sepa su majestad
	que son medios inhumanos,
	sin piedad, y sin decoro,
	que el favorecer a un moro
	cueste sangre de cristianos.
Rey	No es mi fin favorecelle,
	que ya se que no era ley.
Pedro	Pues, ¿qué?
Rey	Vencer a Muley,
	y que el otro firme y selle
	los partidos que me hace,
	que son de muy grande peso.
Pedro	Dos cosas respondo a eso
	a ver si se satisface.
	Lo primero, que no es cierto
	el vencer, porque el vencer
	no estriba en nuestro poder.
	Lo segundo, que el concierto
	no está seguro.
Rey	Sí, está
	porque, aunque bárbaro rey,
	es rey, y muerto Muley,
	su palabra cumplirá.
Pedro	¿De suerte que queréis vos
	que constante un moro esté,

| | y que a vos os guarde fe |
| | no teniéndola con Dios? |

Rey   Padre no me apriete más;
       que yo tengo confesor.

Pedro Y que lo sabe mejor;
       mas no que os estime más.

Rey   Pues, ¿cómo no me lo dice?

Pedro Quizá no habrá reparado.

Rey   Y mi consejo de estado
       ¿cámo no lo contradice?

Pedro   Eso, señor, no lo sé.

Rey   ¿Y mis privados y amigos?

Pedro Los amigos por testigos
       no valen aquí.

Rey   ¿Por qué?

Pedro   Porque nadie al descubierto,
       quiere decir un pesar
       a quien pretende agradar.
       y es esto, señor tan cierto,
          que yo con que vengo a ser
       desas cosas enemigo,
       no os dijera lo que os digo
       si os hubiera menester.

Rey   Luego, ¿hay en el mundo quien
                con engaños me hable a mí?

Pedro   Estoy por decir que sí,
                porque si lo mira bien
                    veré vuestra majestad,
                que es en las humanas leyes
                plaga antigua de los reyes
                el no tratarles verdad.

Rey   Y, ¿qué es la razón?

Pedro   Haber
                castigo para el malsín,
                para el loco, para el ruín,
                para el de mal proceder,
                    para el ladrón, para el malo,
                y en fin por cualquier camino
                para cada desatino
                cárcel, horca, afrenta, o palo,
                    y no haber pena, señor,
                para los que lisonjean,
                y la verdad regatean
                por conservar el favor;
                    que aunque es delito tan fiero,
                que ni en otro lugar
                nunca he visto castigar
                a nadie por lisonjero;
                    mas yo que os quiero más bien
                lo que siento he de decir.

Rey   Y yo Pedro lo he de oír
                aunque no me suene bien.
(Aparte.)   (No sé qué estrella o qué imperio

              conmigo este padre tiene,
              que me templa, y me detiene
              por un secreto misterio;
                 pero es santo, y en lugar
              de padre le he respetado.)
              Pedro, hablad con desenfado.

Pedro   Pues, no me habéis de obispar...

Rey   Lo que quisiere me diga.

Pedro   Señor, para aquesta guerra,
              despues de apretar la tierra,
              tanto su gusto os obliga,
                 que hasta la iglesia ha pagado
              su parte, como si fuera
              un gremio cosa que altera
              el pecho más reportado,
                 los vasallos aunque os aman,
              y vuestro gusto procuran,
              en la plaza lo murmuran,
              y en su aposento lo infaman.
                 Con las sisas y derechos,
              los tratantes se detienen,
              porque dicen que no tienen
              pecho para tantos pechos.
                 De sus tierras y sus viñas
              el labrador quiere huír,
              porque no puede vivir
              ya con tantas sacaliñas.
                 Yo no digo que es así,
              pero digo que lo escucho,
              que siempre sabemos mucho
              los confesores, y así

       vuestra majestad lo mire,
y lo consulte mejor
con su padre confesor,
y a Dios ruego que le inspire
       lo que más en honor sea
de Dios, del reino, y del suyo.
Yo no predico ni arguyo,
pero vuestra alteza crea,
       aunque la razón le sobre,
que puede mucho temerse
guerra que si viene a hacerse
es con el sudor del pobre.
       Y si Cristo representa
su iglesia como pastor,
no permitáis, no, señor,
que pase por esta afrenta,
       porque habrá quien sin decoro
os diga que sois bien quisto,
que le hacéis pechero a Cristo
por hacer hidalgo a un moro.

Rey   ¡Miedo me ha puesto, por Dios!

(El duque y el caballero hablan aparte.)

Duque   Pues que tanto se recatan
                  algo de importancia tratan.

Caballero   Porfiando están los dos.

Pedro   Pues si está resuelto en ir,
                  vaya vuestra magestad,
                  y de mi gran voluntad
                  seguro puede partir,

        que no pasara un instante
        que con lágrimas no pida
        al cielo guarde su vida,
        y de hoy en adelante
          diré misa cada día
        por su intención.

Rey   Pues con eso,
        que temor no fuera exceso.
        En África y en Turquía,
          por más gloria de la fe,
        he de poner mis banderas
        y escribir en sus riberas
        como en ellas puse el pie.
          Hoy a la madre Teresa
        de mi intención he avisado,
        pues de su amor ayudado,
        y luego con la promesa
          que su caridad me hace
        no me queda qué temer.
        Fray Pedro yo he de vencer,
        con Dios vuestro amor lo trace,
          pues contra un bárbaro voy.
        Dame los brazos.

Pedro   Aquí
(Aparte.)   estoy humilde. (¡Ay de ti!)

Rey   Mire que su amigo soy.

Pedro (Aparte.)   (Cuando de su fin me acuerdo
        no quisiera —¡ay tiernos lazos!—
        apartarle de mis brazos
        porque pienso que le pierdo.)

Rey	Con esto voy muy contento.
Pedro (Aparte.)	(Casi estoy por declararme.)
Rey	Vuelva otra vez a abrazarme.
Uno	¡Qué piedad!
Otro	¡Qué sentimiento!
Rey	Adiós, padre, que me espera mi gente para partir.
Pedro	Y a mi Dios para decir por vos la misa primera.

(Tocan cajas y haciéndose cortesías vanse, y salen dos monjas Carmelitas Descalzas acompañando a la madre Teresa.)

Teresa	Madres no pasen de aquí, déjenme a solas un rato.
Monja 1	¡Qué santidad!
Monja 2	¡Qué recato!
Monja 1	¿Volveremos luego?
Teresa	Sí, y agora tengan paciencia mientras hablo a quien adoro.
Monja 2	Todo su fin es el coro.

Monja 1   Dios guarde a su reverencia.

(Vanse las dos y saca la santa Teresa del pecho un clavo, que es el que le dio Cristo, nuestro Señor, y besándole dice.)

        Llegué, Señor a la divina altura
        de vuestro preciosísimo costado,
        donde el Amor de vos enamorado
        me desposó con vos por mi ventura.
        Joyas quisistes dar a mi hermosura
        y un clavo de la mano me habéis dado,
        que el corazán más veces me ha pasado
        que gotas hay en él de sangre pura.
        Clavo me dais, cuando por paz dichosa
        llega mi amor al tálamo sagrado,
        y clavo cuando el alma se desposa.
        Más bien hacéis. Discreto habéis andado
        que los clavos de Dios para su Esposa
        los alfileres son de su tocado.

(Suena dentro un gran ruido, como que se cae la casa.)

        Mas —icielos!— ¿qué ruido es ése?
        Decidme, Señor lo que es.
        Toda la casa, Dios mío,
        parece que de un vaivén
        se ha caido. ¡Qué desdicha!
        ¡Señor, no tanto desdén!
        ¿Cómo, Esposo, no me habláis?
        Si es que de mí os ofendéis
        tomad venganza de mí,
        castigando de una vez
        mis culpas, que por ser mías,

>   muy grande deben de ser.
>   La iglesia está alborotada.
>   Yo voy a verlo, mi bien,
>   pero ya mis monjas salen,
>   y de ellas me informaré.
>   Hijas.

(Vuelven a salir las monjas.)

Monja 1   ¿Madre?

Teresa   ¿Qué es aquello?

Monja 2   Un gran mal.

Teresa   Pues, ¿qué fue?

Monja 2   Que entrando agora en la iglesia,
                      tu sobrino don Gabriel,
                      se cayó de una capilla
                      de repente la pared,
                      y sin duda le habrá muerto.

Teresa   Pues vayan luego a saber
                      si es así, que yo entre tanto
                      a mi Esposo le pediré,
                      que le dé vida si importa.

(Vanse y ella híncase de rodillas.)

>   Mi Dios, mi Jesús, mi Rey,
>   si por esposa no valgo,
>   pues no lo merezco ser,
>   por esclava vuestra os ruego,

que a mi sobrino le deis
vida, si es para serviros;
y vos mi amado Josef,
de quien fui siempre devota,
y en vuestro nombre fundé
este convento, pedidle
la vida de mi Gabriel;
y vos soberano Pedro
de Alcántara, pues tenéis
tan de vuestra mano a Dios
que hacéis de el lo que queréis,
rogádselo de mi parte.
Mas, ¿qué es esto que se ve?
Diciendo misa fray Pedro,
lleno de amorosa fe,
me parece que le miro,
y a Francisco con él,
que la misa está ayudando.
Y al otro lado también
al bendito san Antonio,
y a mi Esposo con los tres.
Agora está en el Memento;
agora elevado en él,
por el rey don Sebastián,
que parte contra el infiel,
está pidiendo y agora
también pide por merced
la vida de mi sobrino.
¡Qué soberano placer!

(Toquen chirimías y descubre un altar en que está diciendo misa fray Pedro, y a su lado los dos santos y en el altar el niño Jesús, como suele, y dice.)

Niño   Esposa, por ti y por Pedro

	lo que me pides haré,

                    lo que me pides haré,
                    muerto tu sobrino está,
                    mas mi divino poder
                    le da vida por los dos,
                    bien le puedes ir a ver.

Teresa   Sin gozar de vos, Esposo,
                    más despacio no podré,
                    que como el amor es niño
                    importuno suele ser,

Niño   Pues llégate más a mí,
                    y abrasaréte también.

Teresa   Señor, el amor me lleva,
                    para besar vuestros pies.

Niño   Teresa tu Esposo soy,
                    y pues que Pedro esta vez
                    está delante, él podré,
                    pues ninguno mejor que él,
                    casarnos en esta misa,
                    que yo, Esposa, esperaré
                    con mucho gusto.

Teresa   ¡Qué dicha!

Niño   ¡Qué regalo!

Teresa   ¡Qué placer!

Niño   ¡Qué humildad!

Teresa   ¡Qué regocijo!

Niño   ¡Qué gozo!

Teresa   ¡Qué amor!

Niño   ¡Qué bien!

(Vuelven a tocar y cúbrese con una cortina todo.)

Fin de la segunda jornada

Jornada tercera

(Salen el demonio y el Santo, Pedro, ya muy viejo, luchando.)

Demonio	Esto es tema hasta vencerte.
Pedro	¿Qué me quieres, homicida, que me tratas de esta suerte?
Demonio	Examinarte la vida y darte después la muerte.
Pedro	Tengo alguna culpa?
Demonio	Mucha.
Pedro	Pues cese, traidor, la lucha y ya que tan terco eres, pregunta lo que quisieres.
Demonio	Ya te dejo, agora escucha.
Pedro (Aparte.)	(Cansado estoy, Señor mío, que como ya son los plazos últimos de mi albedrío, no tengo fuerza en los brazos para este dragón impío. Dos hora ha que me trata, me persigue y me maltrata como si su esclavo fuera.)
Demonio	Va la pregunta primera.
Pedro	Ya te escucho, bestia ingrata.

Demonio ¿Por qué siendo superior
le tomas al inferior
la escoba para barrer?

Pedro Porque anima a obedecer
el ejemplo del mayor.
  Mandar y servir no implica,
y así quien se mortifica,
aunque tenga autoridad,
manda con más libertad,
obrando lo que predica.

Demonio Y, ¿por qué no has de dormir
en cama, ni aun una almohada
has de querer consentir?

Pedro Porque sin Dios no haya nada
que me pueda divertir.
  desde que mi Dios nació
un hora aun no descansó,
y siendo un cordero manso,
pues si el no tuvo descanso,
¿por qué he de tenerle yo?

Demonio Y, ¿por qué a tus religiosos
les has de dar a comer
unos garvanzos mohosos?

Pedro Porque no pueden tener
regalos más provechosos.
  El fraile ha de estar hambriento,
que el que come a su contento,
sin trabajar, ni ayunar,

	no es fraile, sino seglar,
	retraído en un convento.
Demonio	¿Por qué has de mandar hacer
	para toda una semana
	lo poco que han de comer?
Pedro	Porque este tiempo se gana
	que se ahorra de cocer.
	Dios el día nos envía
	para alabarle a porfía,
	y así yo con sencillez,
	lo hago guisar de una vez
	para no gastar otro día.
Demonio	Y, ¿por qué has de mandar, di,
	que no duerman, trabajando,
	y ayunando.
Pedro	Porque así
	de la vida están gozando
	sin estar fuera de sí.
	Dormido el hombre es un fuego,
	tapado, cubierto, y ciego
	con la ceniza avarienta,
	que ni luce, ni calienta
	sepultado sin sosiego.
	Y aun es peor que la muerte
	el sueño, si bien se advierte;
	que la muerte a Dios nos sube,
	pero el sueño es como nube
	que de su luz nos divierte.
Demonio	¿Por qué has de ser tan cuitado

| | que un alpargata siquiera
de un cordel mal enredado
no traigas? |
|----------|---|
| Pedro | Porque no fuera
ser pobre andar bien calzado,
fuera de que no he leído
que hubiese Cristo traido
sandalia alguna en los pies,
y fuera de ser descortés
andar yo mejor vestido. |
| Demonio | Y, ¿por qué has de andar diciendo
con tan casada porfía
misa por el rey, sabiendo
que su loca valentía
le va matando y rindiendo? |
| Pedro | Porque puede dilatar
Dios su decreto y trazar
que la batalla no dé. |
| Demonio | Esta vez tu amor y fe
poco le han de aprovechar. |

(Toquen cajas.)

Mírale como acomete,
y muerto un caballo ya
otro busca, y arremete
donde su enemigo está
y hasta su alcázar se mete.

(Toquen.)

        Mira tantos caballeros,
fidalgos aventureros,
estranjeros oficiales,
plebeyos y principales,
piqueros y arcabuceros
    todos sin remedio. Mira
herido en el rostro al rey;
mira como se retira,
y de no hallar a Muley
se abrasa, rabia y suspira.

Pedro   Dios le tenga de su mano.

Demonio   Mírale reñir en vano.

Pedro   ¡Válgate nuestra Señora!

Demonio   Y herido de muerte agora
                         en la cabeza y la mano.

Pedro   Ya su triste fin advierto,
                         ya del caballo cayó,
                         de polvo y sangre cubierto.

Demonio   Pues, mírale allí, que yo
                         no he menester verle muerto.

(Tírese una cortina y tocando cajas primero descúbranse algunos soldados muertos, y heridos en el suelo, y en medio al rey, de rodillas, y lleno de sangre.)

Pedro   ¡Ah, mi rey! ¡Ah, mi señor!
                         De rodillas está hincado.
                         ¡Qué lástima! ¡Qué dolor!

                Dios el cielo os haya dado,
                que es la vitoria mayor.

(Échele su bendición y cúbrase todo.)

Demonio	Di agora, tus ejercicios, disciplinas, oraciones, raptos, éxtasis, silicios, penitencias, devociones, ayunos, y sacrificios, al rey, ¿de qué le han servido, si en esa tierra tendido aun no yace sepultado?
Pedro	Pues nada se ha malogrado, aunque el fin no he conseguido.
Demonio	Si contradición implica, ¿cómo probarse podrá?
Pedro	Como Dios la misa aplica por lo que mejor le está, a aquél por quien se suplica. Pedí con solicitud, del rey salud, y quietud, mas Dios con gloriosa palma por la salud de su alma quiso entender salud. Y así mi humilde oración no malogró su intención, porque mirado su llanto no hay salud que importe tanto, como nuestra salvación.

Demonio	Y tú ¿de qué has de saber que el rey se pudo salvar.
Pedro	De que es Dios quien lo ha de hacer y querrá la sangre honrar, que por el llegó a verter.
Demonio	¿Qué importa si le murmura de temerario la ley?
Pedro	Antes si bien se censura es la conciencia de un rey hoy la casa más segura.
Demonio	Como el rey gobierne bien en paz y guerra está bien, pero no si es desigual.
Pedro	Pues aunque gobierne mal, está seguro también.
Demonio	¿Cómo?

Pedro	Entrega un mercader
	cargada nave al mar,
	y temiéndola perder,
	da traza de asegurar
	lo que le puede valer,
	   y aunque es el riesgo cierto,
	dando un tanto por concierto,
	hay hombre que le asegura,
	y la nave le asegura
	hasta ponerla en el puerto.
	   Después el dueño en rigor,

        aunque el mar muestre furor,
nada teme, porque sabe
que el que aseguró la nave
le ha de hacer bueno el valor.
        El rey es el mercader,
la nave su monarquía,
y para no la perder
a sus ministros les fía
valor, hacienda, y poder.
        Da un tanto al Juez, al Oidor,
al Alcalde, al Superior,
que son los que se aventuran,
y la nave le aseguran
en el peligro mayor.
        Si el gobierno no es suave,
y aprieta mucho la llave.
que tenga la culpa es bien,
no el rey que paga.

Demonio   Pues, ¿quién?

Pedro   Quien asegura la nave.

Demonio   Que en todo me has de vencer,
                    pues —¡vive el infierno!— que yo
                    que tengo agora de ver
                    ya que con razones no
                    si así te puedo torcer.

(Vuelven a luchar.)

Pedro   ¿Otra vez vuelves, villano?

Demonio   Y mil volveré.

Pedro	¡Ah, tirano!
Demonio	Por cansarte he de cansarme.
Pedro	¿Qué ganas en maltratarme siendo un humilde gusano?
Demonio	Solo vengarme de ti.
Pedro	No me derribes ni tuerzas.
Demonio	¡Ah, vil fraile, pues tú a mí!
Pedro	Mira que no tengo fuerzas.
Pedro	Pues menos tendrás así.

(Derríbale en el suelo con un gran golpe y pónele el pie encima, y dice el Santo, Pedro.)

Pedro	Señor cansado y rendido, he tropeZado, y caído. Valedme, Señor, valedme, amparadme y socorredme.
Demonio	Ni te escucha, ni ha querido. Di agora que eres deudor de Dios, y que como amigo trata tu amor con amor.
Pedro	Pues sí, traidor, sí lo digo.
Demonio	¿Y estando así?

Pedro	Sí, traidor.
Demonio	¿Tratar mal es querer bien?

Pedro	No, pero cuando el desdén
	sirve aunque envuelto en rigor
	de crisolar el amor,
	amor se llama también.
	   Si de Dios siempre estuviera
	mi humilde amor regalado,
	poco en tenérsele hiciera,
	porque querer obligado
	deuda y no fineza fuera;
	   mas tratarme desabrido
	para verse más querido
	descubriendo mi fineza,
	es de su amor sutileza,
	no tibieza de su olvido.

Demonio	Ya no tengo que decir, que replicar, ni argüír, burlado quedo y corrido.

(Sale Espeso, y otros dos frailes acechando.)

Pedro	Ya mis frayles han salido. Bien te puedes ir.
Demonio	¿Qué es ir?
Fraile 1	Parece que se quejó nuestro padre.

Demonio	Yo me iré mas no para siempre, no, que en yéndose bolveré.
Pedro	Pues por eso estaré yo prevenido con hacer algún ejercicio santo, que a Dios pueda enternecer.
Demonio	Matarétè yo entretanto.
Pedro	No tienes tanto poder,
Demonio	Pues quédate a descansar con tus frailes, que a pesar de tu virtud loca, y vana, antes que pase mañana, si puedo te he de acabar.

(Déjale haciendo algún mal y en yéndose, llegan los frailes.)

Espeso	Lleguemos de mancomún, porque siento aquí un run run que pesadumbre me da, y allí nuestro padre está tendido como un atún.
Fraile 1	Pues, ¿qué teme?
Espeso	Que el tiñoso no le haya zaleado, y se esté dentro del coso.
Pedro	Hijos.

Fraile 1	Padre, ¿qué le ha dado?
Pedro	Un mal harto riguroso.
(Levántenle.)	Ayudadme a levantar, que aunque me quiero esforzar no puedo.
Fraile 1	¡Qué compasión!
Espeso	Basta que aqueste dragón nos ha dado en maltratar.
Pedro	También le persigue a él.
Espeso	¿A mí? ¡Qué bueno está eso! Pues, ¿con quién es él cruel sino con el padre Espeso?
Pedro	¿Y cómo se libra de él?
Espeso	Como, en dándome mohina cojo una vara de encina, y le meto en el establo, porque para mi es el diablo el gato de la cocina. Él anda de mayordomo robándome aquí y allí.
(Aparte.)	(Gato, perdona este cómo, pues te hecho la culpa a ti, y soy yo quien me lo como.) Si algun pescado en remojo de limosna nos han dado, aunque esté con tanto ojo,

	se lo mete de un bocado.
	Si no lo habéis por enojo,
	en abriendo la finestra
	luego las uñas me muestra.
Pedro	Pues si nada le reporta,
	ciérrelo todo.
Espeso	No importa,
	que tiene llave maestra.
Fraile	¿Llave el gato?
Espeso	Sí, y no pasa
	de gato los fueros graves,
	porque hay gato que sin tasa
	trae un manojo de llaves,
	como mujer de su casa.
	Aunque agora poco habrá
	que pueda el gato comer,
	porque día y medio ha
	que no cesa de llover,
	y toda la casa está
	sin pan, ni otra cosa alguna,
	que es la más triste fortuna,
	pues anda según la dieta
	todo padre de poeta,
	porque todo padre ayuna.
	Por un ojo de la cara
	no hay un pan.
Pedro	Dios le dará.
Espeso	Pues decir que el cielo aclara,

| | a tinajas llueve ya,
y hacia abajo, ¡cosa rara!
   Así en mi tierra llovía. |
|---|---|
| Pedro | Hijos, ya Dios nos envía
el remedio. |
| Espeso | ¿Cómo así? |
| Pedro | Vayan luego desde aquí
con una santa osadía
   al refitorio. |
| Espeso | ¿Y allá
hay por dicha algun maná? |
| Pedro | Dios dará. |
| Espeso | Yo no me muevo
sino es que haya plato nuevo,
que se llame «Dios dará».
  Quien no hubiera imaginado
entre hombres tan crueles,
viéndote tan consolado,
que algun horno de pasteles
Dios te había deparado?
  Mas «Dios dará» no me agrada. |
| Pedro | Dios da yéndole a pedir. |
| Espeso | Pues he aquí que Dios se enfada
y se le antoja decir:
«Hoy no quiero daros nada.» |

Pedro	Cuando Dios responde tal
es que ve poco caudal
en nuestra fe, que a su amor
a veces nuestro temor
le quita el ser liberal.
Vayan luego al refitorio.
Espeso	¿Y después de bien sentados?
Pedro	Les dará Dios auditorio.
Espeso	O se estarán ensartados
como cuentas de abalorio.
Pedro	Algo se ha de confiar
de Dios y de su poder.
Fraile 1	Vamos.
Pedro	Dios lo ha de enviar.
Mande tocar a comer.
Espeso	Será tocar a ayunar.
Fraile 2	Vamos Padre.

(Vanse los dos frailes.)

Pedro	¿Y el hermano?
Espeso	Aquí me quiero quedar;
porque aunque pobre gusano
a mi Dios quiero rogar
no nos deje de su mano.

Pedro	Hará bien, que yo también
dese parecer estoy.
Mi Luz, mi Señor, mi Bien,
tened paciencia, allá voy
a pedir como Moisén.
 Los que limonsna nos dan
dos días que no han venido;
ni con el agua podrán.
Con esto sabréis os pido
como de limosna el pan;
 que como en tantos desvelos,
me han hecho padre los cielos,
viéndome sin pan aquí
me apasiono, no por mí,
sino por estos hijuelos.

(Vase Pedro.)

Espeso	 Esto es hecho. Ya se fue,
y con él todos los padres,
hasta el coro le acompañan.
Ya le dejan, y se salen
para entrar al refitorio,
no a comer, sino a sentarse.
Agora bien, ello ha de ser,
y pues que no me ve nadie
quiero sacar de la celda
para casos semejantes
ciertos relieves que tengo
con que entretener la hambre.
que —ia fe!— que es mucha, y que pasa
muy grandes necesidades.
Alto pues, va de inventario.

(Saca dos haces de rábanos y pónelos en el suelo.)

> En el nombre de Dios, dos haces
> de rábanos son aquéstos,
> que podrán servir de ante,
> que para mi todo es uno,
> si después ha de juntarse,
> y aquesto no es procesión
> que ha de ir por antiguedades.

(Saca dos o tres panes partidos.)

> Éste es el pan. Bien habrá
> para empezar, Dios delante,
> que otro tanto dejo allá,
> por si después me faltare.

(Saca seis pies de puerco.)

> Aquí van seis pies de puerco,
> que aunque tienen tan mal talle,
> y los cocí sin pelar
> me harán provecho notable,
> que no soy escolimoso.
> Así, lo más importante
> se me olvidaba. Un jarrillo
> tengo, donde apenas cabe
> un cuartillo, mas no importa
> que antes importa templarse
> un hombre, que cargar mucho
> fuera dar con todo al traste.

(Saca un jarro muy grande, o un cangilón.)

> Éste es el dedal que digo,
> agora no hay más que darle,
> y sentarse, que con esto
> podrá algún tanto llevarse
> la cruz de Cristo, aunque fuese
> razonablemente grande.

(Siéntese y empiece a comer de todo.)

> Durillos están los pies
> y tienen por muchas partes
> su poquito de guedejas,
> y su mucho de pelambre,
> mas no les ha de valer.
> ¡No hay gallinas, no hay faisanes
> como un rábano, si es tierno,
> o como pica el vergante!
> ¡Por Dios! Que estaba sin bragas
> el hortelano, o el frayle
> que le plantó; mas no importa,
> que el antídoto suave
> le pondrá como merece.
> Nadie a la mano me hable.

(Bebe y sale fray Pedro muy contento, con un panecillo.)

Pedro ¡Tantos favores, mi Dios,
tanto amor, merced tan grande!
Tan loco estoy de contento,
que no puedo reportarme.
Apenas entré en el coro,
cuando sin tocarla nadie,
de la hermana portería,

que estaba entonces con llave,
se tocá la campanilla,
y yendo a informarse un padre,
dos cestas llenas de flores,
y de panes candeales,
halló a la puerta. ¡Qué gozo
para mi amor más notable!
Con eso quedan comiendo
mis hijos. No hay quien me hable
de contento, y así agora
para que acabéis de honrarme,
solo me falta, Señor,
que vuestra piedad le manden
a este espíritu cansando,
salga de humana cárcel,
donde ha tanto que está preso,
pues tiene causa bastante,
que para morir, Señor,
el nacer es harto achaque.
O como Pablo diré,
ya deseo desatarme
de aquestos cordeles toscos,
de la carne, y de la sangre,
que quien nace para vos,
solo cuando muere nace.
Según mi cuenta, Señor,
y lo que la santa madre
me ha escrito, Teresa digo,
vuestra esposa vigilante,
ha de ser en este año
el día que tantos males
con mi muerte tendrán fin,
para que con vos descanse;
que sois de todos mis gustos

                            el centro.

Espeso   No hay quien los pase.
                    Bravamente se defienden,
                    pero el hermano gaznate
                    como muele de represa,
                    los lleva a fuego y a sangre.

Pedro   Hacia aquí se quedó Espeso
                    —presumo que de cobarde—
                    y tráigole un panecillo,
                    porque de hoy en adelante
                    aprenda a pedir con fe.
                    Él estará muerto de hambre,
                    que ha dos días que no come
                    el pobre, y es buen fraile,
                    y cierto que me entretiene
                    tal vez con sus disparates.

Espeso   ¡Oh, qué falta me hace el queso
                    para contera y remate
                    de esta media Sabatina.

(Mírele y santíguese Pedro.)

Pedro   No es posible que me engañe.
                    ¿Hay tan gran descompostura?
                    ¡Él es! ¿Hermano qué hace?

(Túrbese Espeso.)

Espeso   ¡Jesu Cristo! ¡Aquí fue Troya!

Pedro   ¿Qué es esto?

Espeso	Toda la sangre se me ha bajado a las piernas.
Pedro	Ya esto pasa de donaire, y es falta de religión.
Espeso (Aparte.)	(Quiero tapar.)
Pedro	No lo tape, que más vale que te sirva de fiscal, y que declare su pecado.
Espeso	¿Qué pecado es querer desayunarse con aquesta niñería?
Pedro	¡Niñería! ¡Dios le guarde!
Espeso	Pues estaba en las Completas, porque a venir a las Laudes hallaras mucho recado.
Pedro	Diga. ¿No dijo denantes, preguntándole si había en casa algún pan, o carne para la comunidad, que no había?
Espeso	Es verdad, padre.
Pedro	Pues, ¿por qué mintió?

Espeso   No hice.

Pedro   ¿Cómo, si tengo delante
quien le acuse?

Espeso   Yo tenía
para mis necesidades
ésas y otras zarandajas,
que paso muchos achaques
con aqueste estomaguillo,
y así cuando preguntaste
si tenía alguna cosa
que te dar para los padres,
dije que no tenía,
y aquesto no fue engañarte,
porque lo que es para mí
no lo tengo para nadie.

Pedro   ¿Y fue buena caridad?
Tome, tome lo restante,
y haga de todo una sarta.

Espeso   ¿Para qué?

Pedro   Para que ande
con ella al cuello este mes,
y porque nunca desmaye,
ni dude de aquel amor
que comunica y reparte
Dios a quien le llame; tome
este panecillo, y guarde
lo que en la mesa ha sabrado.

Espeso	Trujo más pan el Ángel?
Pedro	¿Y no basta?
Espeso	Sí, mas yo
me atengo como ignorante
a los pies, al bucarillo,
que hace media arroba.
Pedro	Alce
del suelo esa suciedad
de su golosina imagen.
Espeso	Como soy espeso; soy
perdido por suciedades
y, en fin, ¿habemos de hacer
cadena in poena peccati
de aquesta gente menuda?
Pedro	Así pienso castigarle.
Espeso	Pues plegue a Dios que no dure
más de lo que ella durare
el mal año en nuestra tierra.
Pedro	¿Por qué?
Espeso	Porque el hombre es frágil,
la cadena ocasionada,
y en sintiéndome con hambre,
dando al estomago cuenta,
que es el hermano contraste,
hundiré los eslabones
en la forja del gaznate.

(Vase cargado de todo.)

Pedro
　　　　　　　Señor, soy un ser, una existencia,
　　　　　　　que sustenta mi ser, y vuestro celo,
　　　　　　　para otro ser que deposita el cielo,
　　　　　　　me dio este ser por modo de influencia.
　　　　　　　　Si el ser que tengo en propia subsistencia,
　　　　　　　al ser que espero en vos sirve de velo,
　　　　　　　no quiero ser mi ser, que es desconsuelo
　　　　　　　faltar a la verdad por apariencia.
　　　　　　　　Del ser de nada antes de ser sacastes
　　　　　　　el ser imaginado que me distes
　　　　　　　y en el presente ser me colocastes.
　　　　　　　　Mas si para otro ser me prevenistes,
　　　　　　　romped el ser que con este ser formastes,
　　　　　　　y ser vendré a ser lo que quisistes.

(Al son de chirimías sale el ángel de su guarda.)

Ángel　　　　　Pedro.

Pedro　　　　　　　　¿Quien es? Mas —¡ay Dios!—.
　　　　　　　¿No sois mi custodio?

Ángel　　　　　　　　　　　Sí,
　　　　　　　Dios me envía a que de mí
　　　　　　　sepas, Pedro, que los dos
　　　　　　　　muy presto os habéis de ver
　　　　　　　en la celestial Sión.

Pedro (Aparte.)　(¡Oyó Dios mi petición!)
　　　　　　　A tener qué os ofrecer
　　　　　　　　por las albricias os diera.

Pero, ¿qué os puedo yo dar
si venís señor del mar
de la superior esfera?
   El alma os daré, Señor,
que es la joya más preciada.
Pero no, que está embargada
por vuestro divino Autor,
   aunque si en Él, y con Él,
siendo de luz reflejo,
estáis como en un espejo,
a vos os la doy en él.
   ¿Y cuándo, decid, será
esta jornada, supuesto
que vos lo sabéis?

Ángel   Tan presto
que un día no pasará.
   Dia de san Lucas es
mañana, y en este día
teniendo en tu compañía,
porque mós seguro estés
   a San Francisco tu padre,
y al un lado —¡qué buen lado!—
a Cristo Cruficicado,
y al otro su hermosa madre,
   partirás de aquesta vida
para la ciudad sagrada.

Pedro   Dichosa, amén, la jornada,
que está tan bien prevenida.

Ángel   De esta suerte has de morir,
mas no hay más de mostrar buen brío.

Pedro

Aquesto, Custodio mío,
no es morir, sino vivir.
  Muriendo Cristo una vez,
a su Padre se quexó
porque le desamparó
haciendo oficio de Juez,
  y así tembló de la muerte,
cuando la vio cara a cara,
porque, si Dios desampara,
cualquier enemigo es fuerte.
  Mas si tengo de tener,
para el trance que me espera,
a Cristo en mi cabecera
de quien me pueda valer,
  y luego a su hermosa Madre,
y soberana María,
a vos por luzero y guía,
con San Francisco mi padre,
  bien puedo decir, mi Dios
si tan dulce fin espero
con vuestra ayuda, que muero
más consolado que vos.

Ángel

  Teresa estará también
mientras dura la aflición,
todo el día en oración.

Pedro

  ¡Qué gloria! ¿Qué más bien?
  ¿Y cómo podré pagalla,
siendo una hormiga —iay de mí—
que esté rogando por mi
mientras dura la batalla?

Ángel

  Después la podrás pagar

        en otro tanto con Dios,
        porque pienso que los dos
        poco os vendréis a llevar,
           y con esto ven que quiero
        llevarte a la enfermería.
        Arrímate.

(Arrímase Pedro.)

Pedro   ¡Qué buen día
        en el de mañana espero!
           ¿Y vos no os vais?

Ángel   Desde agora
        hasta vencer tu enemigo
        quiere Dios que esté contigo.

Pedro   El alma de gozo llora.

Ángel   Desde luego has de empezar
        a pelear contra ti.

Pedro   ¿Y venceré?

Ángel   Pedro, sí.
        Y en señal que has de triunfar
           escucha de aquesta guerra,
        la vitoria que procuras.

Música   «Gloria a Dios en las alturas,
        y paz al hombre en la tierra.»

(Cantan los músicos en tono de iglesia, y lleve el ángel al santo, Pedro, arrimado así hasta entrarse, y luego sale el demonio solo como temeroso.)

Demonio

Como ladrón cuando quiere,
ayudado del silencio,
a escalar alguna casa
para robar lo que hay dentro,
y como teme culpado,
aunque se arroja resuelto,
cada sombra le parece
un gigante Polifemo,
cada luz una escopeta,
cada rumor un portento,
cada bulto un hombre armado
cada paso más un riesgo,
cada linterna una escuadra,
y cada susurro un trueno,
así yo, ladrón del alma,
que desde el instante mesmo
en que Dios quiso criarme
ando para robarla. Vengo
agora más que otras veces
todo de temores lleno,
de confusiones, de dudas.
Cuanto escucho, y cuanto veo
pienso que son nuevas gracias,
nuevas mercedes, y nuevos
auxilios que quiere Dios,
en este trance postrero,
dar a Pedro. Desde aquí
acecharé, por si puedo
entrar por algún resquicio
de sus santos pensamientos,
a proponerles los míos
que están vertiendo veneno.
Agora en la enfermería

yace el miserable viejo,
y una calentura lenta,
hospedada entre sus huesos,
le entumece, y acongoja,
y aunque abrasado, y sediento
solo por mortificarle
come sin beber pudiendo,
que es la mayor penitencia
que puede hacer un enfermo.
Agora el médico acude,
si bien como tiene el cuerpo
tan agotado de carne,
tan consumido, y tan seco,
ni las medicinas obran,
ni se logran los remedios.
Ya sus hijos desconfían,
y él, en su llanto advirtiendo,
como padre los acalla,
y se los arrima al pecho.
Ya el viático ha pedido,
y aunque tan flaco y tan yerto
que parece en pies y manos
todo de raíces hecho,
en viendo entrar a su Dios,
como si estuviera bueno
él con sus manos lo toma,
y le dice mil requiebros.
¡Oh, misterio inexcusable,
por mi bien, pues quiere el cielo,
que el hombre llegue a comer
atributos, alma y cuerpo
de Dios, y quede endiosado,
puro, candido, y sincero,
aunque primero haya sido,

perjuro, infame, blasfemo,
adúltero, y homicida.
Mas sírvame de consuelo
el saber también, que hay muchos
tan crueles, y sangrientos
con Dios, y consigo mismos,
que en vez de hacerle aposento,
y limpiarle las heridas
que recibió en un madero,
se las destapan y rompen
sin dolor, y sin respeto,
porque el hombre que atrevido,
bárbaro, precito y ciego,
se comulga en mal estado,
le crucifica de nuevo.
Mas no es así Pedro, no,
pues por ventura sabiendo
el huésped que le esperaba,
tan limpio ha tenido el pecho,
que con ser Dios quien le vine,
no echa menos a su cielo.
Mas —¡ay de mí!— ¿cómo agora
tan descuidado me muestro?
Ministros, cercadle todos,
y si no podéis, poneros
muy cerca, porque los lados,
dándole valor y esfuerzo,
ocupan Cristo y su madre.
Atrevidos y soberbios,
desde los pies de la cama
probadle con argumentos,
que en su vida no ha hecho cosa
que agrade a Dios. Mas, teneos,
que es gastar tiempo sin fruto,

pues son siete los conventos
que ha fundado. Mejor es
desvanecerle con eso,
y darle a entender que un hombre
que tanto por Dios ha hecho,
por sí merece salvarse,
sin que Dios en este aprieto
le favorezca, y ayude
con su amor, y sacramentos.
Decidle que cuando fue
por su general electo,
comisario general,
confirmando este decreto
Paulo Cuarto con poder,
amplio, bastante y expreso,
de reformar la provincia,
quedaron muy descontentos
conventos y religiosos,
porque anduvo tan severo
en apretar demasiado
las constituciones de ellos.
Habladle de Dorotea,
y en aquellos pensamientos
pasados. Pero, ¿qué importa,
si fue siempre tan honesto,
que aunque ella le habló, jamás
alzó los ojos del suelo,
para mirarla a la cara?
Ministros, ya no hay remedio,
ya pide la Extrema Unción,
preguntando por momentos
al médico si se acerca
su fin, que tiene consuelo
en que le diga que sí,

por verse con Dios más presto.
Ya el húmedo radical
vencido postrado y seco,
rinde la virtud nativa
que difunde por los miembros.
Ya la lengua más enjuta,
vihuela que fue del cuerpo,
se turba viendo romper
las trastes del instrumento.
Ya entorpecidos los ojos,
ni bien claros, ni bien ciegos,
corren la helada cortina
como el Sol se va poniendo.
Ya tibia toda la sangre,
por las venas discurriendo
al corazón se recoge,
y palpitando en su centro
se resiste cavilosa
viéndole con más aliento.
Ya la batalla se da,
y aunque todo anda revuelto,
Pedro está tan sosegado
tan recogido y tan quieto,
que de lo que el cuerpo pasa,
parece que el mismo cuerpo
no se da por entendido.
Ya van llegando al extremo
el alma ya se avecina
a los labios macilentos,
ya salió, ya rompe el aire,
ya nueva vida naciendo,
sin tocar el purgatorio,
puro, santo, limpio, entero,
corre, vuela, sube, llama,

　　　　　　　　al descanso, al gusto, al centro,
　　　　　　　　a la quietud, al reposo,
　　　　　　　　a la paz, al bien, al cielo,
　　　　　　　　para que después de haber
　　　　　　　　gastado en su seguimiento
　　　　　　　　setenta y tres años, yo,
　　　　　　　　corrido, cansado, muerto,
　　　　　　　　llore, gima, clame, grite,
　　　　　　　　y en mar, aire, tierra y fuego,
　　　　　　　　arda, brame, pene, rabie,
　　　　　　　　porque muriendo, y volviendo
　　　　　　　　a vivir para morir,
　　　　　　　　desesperado y blasfemo,
　　　　　　　　me despedacen mis ansias,
　　　　　　　　y me consuma el infierno.

(Sale el ángel.)

Ángel　　　　　　Poco el cielo me ha debido
　　　　　　　　en darle el alma de Pedro,
　　　　　　　　porque si fue siempre santa,
　　　　　　　　de justicia, de derecho
　　　　　　　　era suya. ¿Aquí estás tú?
　　　　　　　　Pues bien, de este dulce sueño,
　　　　　　　　de esta muerte, de esta vida,
　　　　　　　　¿qué dices?

Demonio　　　　　　　　　　Que estoy contento
　　　　　　　　en cierto modo.

Ángel　　　　　　　　　　　¿Por qué?

Demonio　　　　　Porque aunque en el solio eterno
　　　　　　　　Pedro está participando

de aquellos rayos inmensos,
por lo menos en el mundo
tengo un enemigo menos.
Si yo aborrezco los pobres
porque a Cristo en ellos veo,
¿qué más gozo que saber,
que ha de faltarles con Pedro
la caridad, el abrigo,
el socorro y el sustento?
¿Qué será del vergonzante,
del mendidgo, del hambriento,
de la encerrada viuda,
y del afligido preso?
Y ¿qué será de sus hijos
sin tal padre, y tal maestro?
Pues ¿por qué he de estar yo triste,
si el mayor eje del cielo,
la gran columna de Cristo,
el firme polo del pueblo,
y la rueda donde estriba,
el carro del hemisferio,
se desbarata en señal,
del futuro detrimento?
Y si no mira en Arenas,
frailes, prelados y legos,
embarazar con suspiros
la monarquía del viento,
como huérfanos y solos?
Pues si aquí llegan sus ecos,
y aquí lo miran mis ojos,
¿no fuera, di, el sentimiento
importuno y excusado?

Ángel   Nunca te he visto tan necio.

                        Pues, ¿no sabes, ignorante,
                        que nunca mi amado Pedro
                        pudo con su dueño tanto
                        como agora que su espejo
                        se está bebiendo las luces
                        por los cristales del Verbo?
                        Mira como agora ruega
                        por sus hijos, por sus deudos,
                        por sus pobres, por sus devotos.
                        Y Dios, viendo el sentimiento
                        que les ha dado su ausencia,
                        por lo mucho que perdieron,
                        le da comisión que baje,
                        por particular decreto,
                        a consolar a sus hijos.
                        Él mismo baja con ellos.
                        ¿Qué dirás agora, ingrato,
                        de este amor?

Demonio   Que por no verlo
                        me he de arrojar de este monte
                        hasta el más profundo centro.

(Detiénele el ángel.)

Ángel   Esta vez aunque te pese
                lo has de ver.

Demonio   ¿A qué efeto?

Ángel   A efeto de atormentarte.

Demonio   Ya suenan los instrumentos.

Ángel	¡Qué ventura!
Demonio	¡Qué desdicha!
Ángel	¡Qué gozo!
Demonio	¡Qué desconsuelo!
Ángel	¡Qué alegría!
Demonio	¡Qué tristeza!
Ángel	¡Qué contento!
Demonio	¡Qué tormento!
Ángel	¡Qué placer!
Demonio	¡Qué pesadumbre!
Ángel	¡Qué favor!
Demonio	¡Qué vituperio!
Ángel	¡Qué lisonja!
Demonio	¡Qué martirio!
Ángel	¡Qué triunfo!
Demonio	¡Qué vencimiento!
Ángel	Todo es gloria cuanto miro.

Demonio   Todo es rabia cuanto veo.

(Suena música, y descúbrense por abajo los frailes a la mano derecha, y a la otra los seglares que pudieren, y baje de arriba un cielo, y en un trono elsanto fray Pedro, y en lo alto el niño Jesús, y bajan hasta abajo, y abraza a los frailes, y seglares.)

Pedro   Hijos, llegad a mis brazos,
                       y vosotros a mi pecho,
                       dejad el triste dolor,
                       detened el llanto tierno,
                       y en cualquier necesidad,
                       y en cualquier suceso adverso,
                       a mi piedad acudid,
                       con voluntad, con afecto,
                       que aunque muerto, que aunque ausente
                       mi Señor, mi Dios, mi Dueño,
                       como siempre acudirá,
                       a la pena, al desconsuelo,
                       al trabajo, a la aflicción,
                       al infortunio, al riesgo.
                       ¿No es así, Dueño, y Señor?

Niño   Fieles, por mi amigo Pedro
                       hasta mi gloria os daré.
                       Pedid y rogad sin miedo,
                       mi voluntad es la suya.
                       Así otra vez os prometo,
                       tomad de ésta mi palabra.

Pedro   Hijos, quedad muy contentos,
                       y vosotros muy gozosos.

Fraile 1   Con tal favor bien podemos.

Seglar	Y con tal seguridad.
Pedro	Adiós, adiós.
Espeso	Y con esto
el hijo del serafín,
por otro nombre fray Pedro,
acaba, y Montano empieza
para serviros de nuevo.

(Tocan chirimías, y desaparece la tramoya, con que se da fin a la comedia del Hijo del Serafín, San Pedro de Alcántara.)

Fin

Libros a la carta

A la carta es un servicio especializado para
empresas,
librerías,
bibliotecas,
editoriales
y centros de enseñanza;
y permite confeccionar libros que, por su formato y concepción, sirven a los propósitos más específicos de estas instituciones.

Las empresas nos encargan ediciones personalizadas para marketing editorial o para regalos institucionales. Y los interesados solicitan, a título personal, ediciones antiguas, o no disponibles en el mercado; y las acompañan con notas y comentarios críticos.

Las ediciones tienen como apoyo un libro de estilo con todo tipo de referencias sobre los criterios de tratamiento tipográfico aplicados a nuestros libros que puede ser consultado en Linkgua-ediciones.com.

Linkgua edita por encargo diferentes versiones de una misma obra con distintos tratamientos ortotipográficos (actualizaciones de carácter divulgativo de un clásico, o versiones estrictamente fieles a la edición original de referencia).

Este servicio de ediciones a la carta le permitirá, si usted se dedica a la enseñanza, tener una forma de hacer pública su interpretación de un texto y, sobre una versión digitalizada «base», usted podrá introducir interpretaciones del texto fuente. Es un tópico que los profesores denuncien en clase los desmanes de una edición, o vayan comentando errores de interpretación de un texto y esta es una solución útil a esa necesidad del mundo académico.

Asimismo publicamos de manera sistemática, en un mismo catálogo, tesis doctorales y actas de congresos académicos, que son distribuidas a través de nuestra Web.

El servicio de «libros a la carta» funciona de dos formas.

1. Tenemos un fondo de libros digitalizados que usted puede personalizar en tiradas de al menos cinco ejemplares. Estas personalizaciones pueden ser de todo tipo: añadir notas de clase para uso de un grupo de estudiantes, introducir logos corporativos para uso con fines de marketing empresarial, etc. etc.

2. Buscamos libros descatalogados de otras editoriales y los reeditamos en tiradas cortas a petición de un cliente.

www.ingramcontent.com/pod-product-compliance
Lightning Source LLC
LaVergne TN
LVHW041258080426
835510LV00009B/791